Verkaufe dein Produkt, nicht deine Seele

Die Zugangsinformationen zum eBook inside finden Sie am Ende des Buches in der gedruckten Ausgabe.

Gaby S. Graupner

Verkaufe dein Produkt, nicht deine Seele

Kunden auf Augenhöhe begegnen und Abschlussquoten erhöhen

2., überarbeitete Auflage

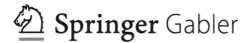

Gaby S. Graupner
DIMAT Services Ltd.
Puchheim
Deutschland

ISBN 978-3-8349-4726-0   ISBN 978-3-8349-4727-7 (eBook)
DOI 10.1007/978-3-8349-4727-7

Die Deutsche Nationalbibliothek verzeichnet diese Publikation in der Deutschen Nationalbibliografie; detaillierte bibliografische Daten sind im Internet über http://dnb.d-nb.de abrufbar.

Springer Gabler
© Springer Fachmedien Wiesbaden 2010, 2015
Das Werk einschließlich aller seiner Teile ist urheberrechtlich geschützt. Jede Verwertung, die nicht ausdrücklich vom Urheberrechtsgesetz zugelassen ist, bedarf der vorherigen Zustimmung des Verlags. Das gilt insbesondere für Vervielfältigungen, Bearbeitungen, Übersetzungen, Mikroverfilmungen und die Einspeicherung und Verarbeitung in elektronischen Systemen.
Die Wiedergabe von Gebrauchsnamen, Handelsnamen, Warenbezeichnungen usw. in diesem Werk berechtigt auch ohne besondere Kennzeichnung nicht zu der Annahme, dass solche Namen im Sinne der Warenzeichen- und Markenschutz-Gesetzgebung als frei zu betrachten wären und daher von jedermann benutzt werden dürften.
Der Verlag, die Autoren und die Herausgeber gehen davon aus, dass die Angaben und Informationen in diesem Werk zum Zeitpunkt der Veröffentlichung vollständig und korrekt sind. Weder der Verlag noch die Autoren oder die Herausgeber übernehmen, ausdrücklich oder implizit, Gewähr für den Inhalt des Werkes, etwaige Fehler oder Äußerungen.

Lektorat: Manuela Eckstein

Springer Fachmedien Wiesbaden ist Teil der Fachverlagsgruppe Springer Science+Business Media
(www.springer.com)

Wanted: Erfolgreicher Verkäufer!

„Arbeiten Sie bereits erfolgreich mehrere Jahre im Verkauf von erklärungsbedürftigen Investitionsgütern?" oder „Sind Sie eine kommunikationsstarke und abschlusssichere Vertriebspersönlichkeit mit viel Verhandlungsgeschick und dem Willen zum Erfolg?" – „Dann brauchen wir Sie!", so lauten auch an diesem Wochenende wieder viele Stellenanzeigen in der FAZ. Und wenn ich genau hinsehe, werden diese Anzeigen mehrmals wiederholt. Der erfolgreiche Vertriebsmitarbeiter mit einem guten Basiswissen seiner Branche ist nicht so leicht zu finden. Warum? Weil sich der Verkauf in den letzten Jahren einem Wandel unterzogen hat und den Verkäufern Analyse- und Strategiekenntnisse fehlen. 80 % der Verkäufer kümmern sich in 80 % ihrer Zeit um die Kunden, die mit 80 % Sicherheit nicht bei ihnen kaufen werden. Die meisten Verkäufer haben heute noch viel zu viel Angst vor einem „Nein" und richten ihre ganze Anstrengung darauf, ein „Nein" zu vermeiden, statt den Kunden anzusprechen, der ihr Produkt braucht, will und bezahlen kann. Kunden erwarten heute, dass der Verkäufer sie dann anspricht, wenn er sich vorher ein Bild vom Unternehmen gemacht hat. Sich mit der Internetseite und ergänzenden Berichten zu Strategien und Visionen seines Kunden im Vorfeld beschäftigt hat. Danach geht er mit der Lösung für Probleme auf den Kunden zu. Ein potenzieller Kunde wird nicht zum loyalen Kunden, wenn der Verkäufer nur lange genug mit einem Worthammer tüchtig auf seinen Kopf einschlägt. Diese Zeiten sind vorbei.

Doch Verkäufer kämpfen nicht nur mit fehlenden Strategien, sie kämpfen auch mit dem schlechten Ruf, den sie sich in den letzten Jahren hart erarbeitet haben. Der Beruf des Verkäufers wird häufig mit „Aufquatschen" und „Klinkenputzen" in Verbindung gebracht. Einer der Gründe hierfür ist, dass Verkäufer nicht bereit sind, vor dem großen „Überzeugungspart" zu klären, ob ihr Kunde überhaupt braucht, will und bezahlen kann, was sie anbieten. Dieser stete Kampf um mehr Kunden, um größeren Umsatz, dafür, Preise und Add-ons durchzusetzen, macht krank und führt später zum Burn-out-Syndrom. Doch es geht auch anders und zwar mit der Methode des Konsensitiven Verkaufens. Denn damit müssen Sie nicht mehr mit Ihrem Kunden kämpfen. Sie dürfen fragen und Ihr Kunde darf „Nein" sagen. Durch die Kundendefinition „Ihr Kunde ist, wer braucht, will und bezahlen kann, was Sie anbieten", wird das „Nein" im eigentlichen Verkaufsprozess selten. Sie lernen, die Kundenadressen systematisch auszuwählen, erhöhen damit die Trefferquote des potenziellen Kunden um ein Vielfaches. Wenn Ihr Kunde trotz effizienter Auswahl „Nein" sagt, erfolgt kein Kampf mehr, sondern Sie respektieren diese Aussage und wenden sich dem nächsten potenziellen Kunden zu. Das gesamte Gespräch verläuft vollkommen auf Augenhöhe. Durch das Konsensitive Verkaufen verpflichtet sich Ihr Kunde bereits im Vorfeld dazu, bei Ihnen zu kaufen, natürlich vorausgesetzt, dass Ihr Angebot seinen Anforderungen entspricht. Konsensitives Verkaufen zeigt Ihnen, wie Sie Ihren Kunden hochschätzend behandeln, wenn sich auch Ihr Kunde als wertzuschätzender Partner qualifiziert hat.

Woher kommt das Konsensitive Verkaufen? Im Sommer 2008 war ich auf einer Dampferfahrt auf dem Starnberger See und las das Buch „High Probability Selling" von Jacques Werth aus den USA in einem Ruck durch. Jacques Werth beschreibt dort das Verkaufen mit hoher Wahrscheinlichkeit. Ein fesselnder und wunderbarer Ansatz, den Verkauf zu revolutionieren, der jedoch aus meiner Sicht nicht eins zu eins in Deutschland übernommen werden kann. Also fing ich an, zwei Jahre lang, jeden einzelnen Aspekt in meinem Unternehmen zu testen, auszuprobieren und für den deutschen Markt anzupassen. Mein Unternehmen, die DIMAT Services Ltd., ist ein Dialogmarketingunternehmen, das die Kunden meiner Kunden im Bereich Kaltakquise, Kundenbeziehungsmanagement, Angebotsnachverfolgung und Kundenzufriedenheitsanalyse betreut. Dabei sind die Branchen überwiegend technische, pharmatechnische und dienstleistungsorientierte Firmen. In diesem Praxislabor konnte ich jeden einzelnen Punkt des Konsensitiven Verkaufens zur Umsetzungsreife entwickeln und später in meinen Trainings lehren und mit den Mitarbeitern meiner Kundenfirmen umsetzten. Konsensitives Verkaufen® bedeutet Zustimmungsverkauf mit Einfühlungsvermögen und ist als Wort/Bildmarke geschützt.

Auch heute wird weiter an dieser Strategie gearbeitet, und sie wird Monat für Monat und Erfahrung für Erfahrung weiter feingeschliffen. Strategien sind etwas Lebendiges, sie wachsen und verändern sich mit den Umständen, in denen sie eingesetzt werden. Und das bedeutet der heutigen Zeit entsprechend, stetig dazuzulernen und sich den Marktanforderungen anzupassen.

Geeignet ist das Konsensitive Verkaufen für Verkäufer, die sich von Mitbewerbern nicht durch Zugeständnisse an ihre Kunden abheben möchten, sondern sich durch echtes Interesse für ihren Kunden als Lösungsbringer etablieren wollen.

Desto weniger greifbar (z. B. eine Dienstleistung) und desto erklärungsbedürftiger Ihr Produkt ist, desto wichtiger ist die Strategie des Konsensitiven Verkaufens. Konsensitives Verkaufen ist auch besonders für Unternehmer geeignet, die viel lieber alle anderen Aufgaben im Unternehmen übernehmen würden, bevor sie nur einen Kunden freiwillig anrufen, die aber den Verkauf brauchen, um sich am Markt zu etablieren. Da die Methode des Konsensitiven Verkaufens bedeutet, dass Sie schneller und leichter mehr Umsatz machen und sich dabei mit Ihrem Kunden im Konsens treffen, haben Sie auch Spaß am Verkaufen.

Das Buch ist eine Ergänzung zu vielen Verkaufsmethoden, die heute am Markt als erfolgreich gelten. Zum Beispiel zum Empfehlungsmarketing. Sie erhalten eine Empfehlung, doch es bedarf einer Erstansprache, die dem Empfohlenen sofort zeigt, dass Sie sein Lösungsbringer sind. Und Sie brauchen eine Strategie, die Sie durch den gesamten Verkaufsprozess begleitet, der mit dieser Empfehlung angefangen hat. Oder zur Verkaufsmethode „Loveselling", bei der das Kundenbeziehungsmanagement stark im Vordergrund steht. Bevor Sie ein Kundenbeziehungsmanagement durchführen können, brauchen Sie den Erstauftrag, der Kunde muss also gewonnen werden, danach erfolgen die Folgegeschäfte.

So gibt es noch viele Beispiele von heutigen modernen Verkaufsmethoden, die eine Ergänzung zum Konsensitiven Verkaufen darstellen. Konsensitives Verkaufen ist genau die Strategie, die wichtige fehlende Elemente bei allen anderen Methoden ergänzt.

So nutzen Sie das Buch am besten Das Buch ist in zwei Teile gegliedert. Zuerst zeigt es Ihnen, wie Sie die Basis für die Augenhöhe mit Ihrem Kunden schaffen, es justiert Ihre Einstellung zum Kunden, zu Ihrem Produkt und zu Ihrer Person als Verkäufer auf Vertrauen und Begeisterung. Danach vermittelt es Ihnen Schritt für Schritt, wie Sie diese Methode umsetzen können. Die Strategie des Konsensitiven Verkaufens wird genau beschrieben und durch viele erlebte Praxisbeispiele untermauert und verständlich aufbereitet. Jeder Leser, der als Verkäufer Erfolg haben will, kann es erlernen. Es gibt keine versteckten Geheimnisse oder heimlichen Techniken, die nur den Seminarbesuchern gezeigt werden. Die gesamte Methode ist offen dargestellt.

Hilfreiche Arbeitsblätter und eine unterstützende Internetseite finden Sie unter **www.verkaufe-dein-produkt.de.** Dort gibt es auch einen offenen Blog zum Erfahrungsaustausch.

Jeder Pilot hat eine Checkliste, um sicher fliegen zu können, und jeder Verkäufer braucht eine Strategie, um erfolgreich zu sein. Nutzen Sie Ihre Möglichkeiten und werden Sie zum Champion der Verkäufer!

Ihre
Gaby S. Graupner

Inhaltsverzeichnis

1 Die Wahrheit über das Win-win-Prinzip 1
    1.1 Schluss damit! 2
    1.2 Preise – nicht geschüttelt, sondern kalkuliert 4
    1.3 Kunden sind Menschen – behandeln Sie sie so! 4
    1.4 Ihr Kunde: Experte oder Laie? 7
    1.5 Kunden spüren, wenn das Verständnis nur geheuchelt ist 9
    1.6 Augenhöhe bedeutet volle Aufmerksamkeit 10
    Literatur 11

2 Brauchen, wollen und bezahlen können 13
    2.1 Ihr Kundenstamm unter der Lupe 14
    2.2 Der Budget-Faktor 17
    2.3 Der Umsatz-Faktor 18
    2.4 Zeitfresser: „falsche" Adressen 21
    2.5 Ja, ich will! 22
    2.6 Kunde ist 25
    Literatur 26

3 Vereinbaren vor überzeugen 27
    3.1 Kommen Sie doch mal vorbei! 28
    3.2 Viele mögliche Gesprächspartner 29
    3.3 Gemeinsames Commitment 30
    3.4 Eine Frage des „Standings" 35
    Literatur 39

4	**Verkaufst du schon oder wirbst du noch?**	41
	4.1 Sind Sie eine Glühbirne oder eine Energiesparlampe?	44
	4.2 Marketing mit Blick auf den Verkauf	47
	4.3 Wissen ist Vertrauen	50
	Literatur	51
5	**Drei Stärken am Markt**	53
	5.1 Die Stärken von Unternehmen, Angebot und Person	54
	5.2 Stärken definieren den Markt	58
	5.3 Graue Mäuse	61
	Literatur	63
6	**Kaltakquise: Wie Sie mit dem Verkaufen beginnen**	65
	6.1 Was ist Ihr Ziel?	66
	6.2 Vier Schritte zum Einstieg	67
	6.3 Schritt-für-Schritt-Anleitung für den gelungenen Einstieg	72
7	**Wenn der Kunde „Nein" sagt**	75
	7.1 Hauptsache „Ja"?	76
	7.2 Was ein „Nein" wert ist	77
	7.3 Wie viel Sie mit jedem „Nein" verdienen	78
	7.4 Wie Sie ein „Nein" zu Ihrem Vorteil nutzen	79
	7.5 Weitere Arten von „Nein"-Antworten	82
	7.6 Wie Sie mit Auflegern umgehen	84
	Literatur	86
8	**Vertrauen aufbauen**	87
	8.1 Wie langjährige Beziehungen starten	89
	8.2 Was ist die Vertrauensbasis?	92
	Literatur	98
9	**Habe ich Sie richtig verstanden?**	99
	9.1 Ist-Analyse und Soll-Zustand	101
	9.2 Wie viel Budget steht zur Verfügung?	103
	9.3 Welche Zeitumstände bestimmen die Entscheidung?	104
	9.4 Welche Entscheidungs- und Bestellprozedere gibt es?	104
	9.5 Letzte Absicherung	107
	Literatur	110

10 Wann Ihr Kunde zufrieden ist ... 111
10.1 Hochgradig subjektiv: Vorstellungen und Forderungen ... 112
10.2 Von subjektiven Wünschen zu messbaren Anforderungen ... 114
10.3 Höre die Antwort! ... 116
10.4 Achtung vor leeren Worthülsen! ... 118
10.5 Wenn Ihr Kunde nicht so will, wie Sie wollen ... 119
10.6 „Nein" ist eine Entscheidung, kein Angriff! ... 121

11 Sorgenfrei zum Auftrag ... 123
11.1 Zivilcourage oder Schmerzensgeld – Sie haben die Wahl ... 124
11.2 Wenn die Beziehung unmöglich ist ... 125
11.3 Vorbereitung der Bedeutungs- und Zufriedenheitsfragen ... 127
11.4 Kein Kompromiss ohne spätere Forderungen ... 129

12 Konsensitives Verkaufen im Überblick ... 133
12.1 Kaltakquise am Telefon mit Terminvereinbarung ... 133
12.2 Begrüßung und Vertrauen aufbauen ... 135
12.3 Bedeutungsfragen ... 137
12.4 Zufriedenheitsfragen ... 139

13 Verkaufen ist die schönste Sache der Welt ... 145
13.1 Was ist die schönste Sache der Welt im Berufsleben? ... 146
13.2 Die wichtigste Person im Verkaufsprozess ... 149
13.3 Doch was tun Sie, um ein erfolgreicher Verkäufer zu sein? ... 150
13.4 Simsalabim, dreimal schwarzer Kater ... 152
13.5 Abkürzungen sind Sackgassen auf dem Weg zum Erfolg ... 153

Dankeschön ... 155

Weiterführende Literatur ... 157

Sachverzeichnis ... 159

Die Autorin

Gaby S. Graupner ist Geschäftsführerin des Dialogmarketing-Unternehmens DIMAT Services Ltd. Ihr Unternehmen fördert die Beziehung ihrer Kunden mit deren Kunden durch die Erstansprache mittels Telefon, durch Kundenbeziehungsmanagement, Zufriedenheitsanalysen und der Übernahme der Telefonzentrale.

Alles, was Gaby S. Graupner trainiert, coacht und schreibt, hat sie vorher sehr ausgiebig in ihrem Serviceunternehmen getestet. Ihr Leben wurde sehr früh vom Verkauf geprägt.

Mit 15 Jahren hat sie das erste Mal verkauft. Ob eine Ideologie, ein Produkt oder eine Dienstleistung – sie verkauft, weil sie für ihre Produkte brennt. Doch noch mehr liebt sie die Menschen, denen sie ihre Produkte verkauft. Sie will mit ihren Produkten und Dienstleistungen das Leben ihrer Kunden erleichtern. Ihre Produkte sollen die Träume, Visionen und Ziele ihrer Kunden unterstützen und sie zu wahrer Größe bringen. Für sie ist Verkaufen die schönste Sache der Welt. Gaby S. Graupner wurde 2008 und 2009 mit dem GSA President's Award ausgezeichnet.

Die Wahrheit über das Win-win-Prinzip 1

▶ In diesem Kapitel erfahren Sie, wo der feine Unterschied liegt zwischen dem Win-win-Prinzip des klassischen Verkaufens und dem des Konsensitiven Verkaufens – auf Augenhöhe mit Ihrem Kunden als Partner.

Im klassischen Verkaufen bedeutet Win-win-Prinzip: Wir hauen unsere Kunden nicht übers Ohr. Wir ziehen sie nicht über den Tisch. Wir sind offen und ehrlich.

Unsere Kunden wissen nur nicht immer, was sie wollen, und deshalb müssen wir sie mit allen Regeln der Kunst überzeugen. Wir Verkäufer der alten Schule meinen ja immer noch, besonders fürsorglich zu sein – und unsere Kunden wissen ja leider meistens nicht, was gut für sie ist ... Die Ärmsten glauben doch tatsächlich, keinen Bedarf zu haben. Wir widersprechen ihnen zu ihrem Besten, denn die Ahnungslosen kennen ja unser Produkt noch gar nicht!

Sie können also überhaupt noch nicht entscheiden, ob unser Angebot gut für sie ist. Unsere armen Kunden ... Gut, dass es uns Verkäufer gibt, die ihnen zeigen, wo es langgeht. Natürlich immer offen und ehrlich. Wenn das nicht hilft, werden wir besonders höflich, besonders zuvorkommend – beinahe schon devot. Sollte auch das nicht helfen, dann packen wir den Befehlston aus, sparen uns jede Freundlichkeit und gehen schnurgerade auf den Abschluss zu, unter Androhung aller Gefahren, die ihnen ab sofort widerfahren, wenn sie nicht kaufen. Doch dabei bleiben wir immer ehrlich – im Sinne von „Wir betrügen nicht".

1.1 Schluss damit!

Viele Verkäufer werden mit dieser Methode krank oder versinken im Leistungsstress mit Burn-out-Syndrom. Der Kunde beginnt immer öfter, sich gegen diese Form der Einflussnahme durch den Verkäufer zu wehren oder spielt seine Machtstellung aus, indem er Rabatte oder andere Zugeständnisse fordert.

Aber es gibt ja auch noch andere Möglichkeiten, die Beziehung zwischen Kunde und Verkäufer zu interpretieren. Bevor ich Ihnen genauer zeige, wie das Win-win-Prinzip beim Konsensitiven Verkaufen funktioniert, möchte ich Ihnen den Begriff aus ein paar weiteren Perspektiven erläutern.

Im ältesten Buch der modernen Welt, der Bibel, bedeutet das Win-win-Prinzip: „Liebe Deinen Nächsten wie Dich selbst." Oder anders ausgedrückt: „Was Du nicht möchtest, das man Dir tut, das tue auch keinem Anderen."

Wikipedia (2014) beschreibt das Win-win-Prinzip unter anderem so:

> […] Bei der Win-win-Strategie geht es nicht darum, die eigene Position durchzusetzen oder gezwungenermaßen Abstriche zu machen, sondern eine dauerhafte Lösung zu finden, die von allen Beteiligten getragen und akzeptiert wird. Hier wird eine Situation geschaffen, in der jeder die Wahrnehmung und auch das Gefühl hat, durch diese Lösung etwas zu gewinnen und nicht zu verlieren. […]
> Kernelement der Win-win-Verhandlung ist die Auseinandersetzung über Interessen und nicht über Positionen oder gar Personen. […]

Hans-Uwe Köhler (2010) sieht das Win-win-Prinzip als Liebesgeschichte. Hier verhalten sich Verkäufer und Käufer wie ein Liebespaar. Seine Thesen sagen aus, dass der Kunde etwas Besonderes ist, dass es täglich Neues an ihm zu entdecken gibt, dass er Aufmerksamkeit braucht, dass er selbstverständlich auch ehrlich und offen behandelt wird. In seinem Buch „Verkaufen ist wie Liebe" beschreibt er dies sehr anschaulich.

Das Win-win-Prinzip als Matrix sieht dann so aus (Abb. 1.1):

Im Konsensitiven Verkaufen sind die obengenannten Weisheiten enthalten. Selbstverständlich! Doch es geht tiefer und weiter. Es bedeutet, dem Kunden auf Augenhöhe zu begegnen. Augenhöhe bei jedem Schritt mit unserem Kunden. Augenhöhe vom Verkäufer zum Kunden. Augenhöhe vom Kunden zum Verkäufer. Das ist mehr als die Win-win-Strategie.

Die ehrliche und offene Haltung des klassischen Verkaufens ist eine Grundhaltung, über die niemand mehr diskutiert. Sie ist absolute Voraussetzung.

Die Win-win-Strategie, wie sie bei Wikipedia definiert ist, geht schon tiefer. Es geht nicht darum, die eigene Position durchzusetzen oder gezwungenermaßen Abstriche zu machen. Im Verkauf bedeutet das herauszufinden: Was will Ihr Kunde und was wollen Sie wirklich?

1.1 Schluss damit!

Lieferant (Verkäufer)	Kunde	Ergebnis
Gewinnt immer (+)	Verliert immer (−)	Unternehmen verliert alle Kunden = muss Insolvenz anmelden
Gewinnt (+)	Gewinnt (+)	Beide sind zufrieden

Abb. 1.1 Das Win-Win-Prinzip als Matrix

Will er – oder will er nicht? Und Sie?

a. Er will jetzt Ihr Produkt und ist bereit, Ihren Preis zu bezahlen, da er Ihrem Produkt diesen Preis als Wert zumisst!
b. Sie wollen jetzt Ihr Produkt zu Ihrem Preis verkaufen und dabei keine Kompromisse eingehen.

a oder b? Nein, a **und** b!

Wenn Ihr Kunde jetzt „Nein" sagt, ist das in Ordnung. Denn mit dieser Aussage stellen Sie fest, dass er eben nicht Ihr Kunde ist. Nicht jetzt. Vielleicht später. Vielleicht bei einem anderen Produkt. Durch Ihr Marketingsystem (siehe Kap. 4) bleibt er in Verbindung mit Ihnen. Wenn sich seine Situation ändert, sind Sie da. Wenn Sie neue Produkte oder Dienstleistungen haben, erfährt er davon. Dann macht eine Kontaktaufnahme wieder Sinn.

▶ **Konsensitives Verkaufen®** **Der Konsens** (Betonung auf der zweiten Silbe; lat. *consentire* = übereinstimmen) bedeutet die Übereinstimmung von Menschen – meist innerhalb einer Gruppe – hinsichtlich einer gewissen Thematik, ohne verdeckten oder offenen Widerspruch. (Auszug aus Wikipedia)

Sens(e) (Sinn) mit Sinn, also wertigem Inhalt.

Sensitiv (empfänglich, feinfühlig) mit echtem Interesse an dem Anderen, unter Einsatz von emotionaler Intelligenz.

1.2 Preise – nicht geschüttelt, sondern kalkuliert

Sie haben sich hingesetzt und sich entschieden, ein bestimmtes Produkt zu kreieren oder eine bestimmte Dienstleistung zu entwickeln. In diesem Bereich sind Sie Profi, hier kennen Sie sich aus.

Für Ihre Leistung haben Sie einen bestimmten Preis kalkuliert:

- In diesem Preis ist Ihr Einkaufspreis enthalten (Produkt- oder Personalkosten).
- Er enthält Ihren Gewinn, sonst macht es keinen Spaß – und auch keinen Sinn, das Produkt überhaupt anzubieten.
- Es sind Rücklagen für schwierige Zeiten enthalten. Ihr Kunde soll Sie auch dann noch als verlässlichen Partner erleben.
- Ihr Preis beinhaltet auch einen Anteil für die Entwicklung von weiteren Innovationen. Sie und Ihr Kunde wollen ja mit der jeweiligen Entwicklung am Markt mithalten können.

Wenn Sie also den Preis nachlassen, auf welchen der obengenannten Punkte wollen bzw. können Sie verzichten? Entscheiden Sie selbst. Ich selbst wäre da ganz klar und entschieden: Auf keinen!

Im Konsensitiven Verkaufen bedeutet Win-win-Prinzip, mit dem Kunden auf Augenhöhe zu sein. Auf Augenhöhe bedeutet gleichwertig. Sie sind genauso viel wert wie Ihr Kunde. Sie haben Rechte und Pflichten und Ihr Kunde auch.

Ein Kunde, der glaubt, auf Sie Druck ausüben zu können, weil er Sie beispielsweise dazu bewegen will, beim Preis nachzulassen, ist kein Partner. Er geht von vornherein davon aus, dass er mehr wert ist. Das ist nicht mehr auf Augenhöhe.

Umgekehrt geht das auch: Wenn Sie anfangen, Ihren Kunden zu überreden bzw. zu überzeugen (siehe Kap. 3), dann glauben Sie nicht mehr daran, dass Ihr Kunde fähig ist, zu erkennen, was er braucht und welchen Nutzen er durch Sie hat. Das ist nicht mehr auf Augenhöhe.

Ganz wichtig: Ihr Kunde ist nicht König, denn dann wären Sie Diener. Und das hat rein gar nichts mehr mit Partnerschaft auf Augenhöhe zu tun.

1.3 Kunden sind Menschen – behandeln Sie sie so!

> **Beispiel**
>
> Stellen Sie sich vor, Sie waren in einem wunderbaren Kurzurlaub. Das Hotel bot Ihnen einen unglaublichen Service. Sie wurden schon bei der Ankunft mit

einem Obstkorb überrascht, eine Flasche Piccolo stand im Kühlschrank, daran hing ein Zettel: „Bedienen Sie sich. Stimmen Sie sich auf einen unvergesslichen Aufenthalt in unserem Hotel ein."

Im Wellnessbereich erwartete Sie ein erfahrener Masseur, und die ersten 30 min Massage gehörten zum Serviceangebot des Hotels. Sie verlängerten diesen Genuss auf 90 min. Während der Massage dachten Sie: „Ich hatte ganz vergessen, wie schön Verwöhntwerden ist."

Das Essen war ein Traum. Sie schmeckten sofort, hier wird mit frischen Zutaten gekocht. Kräuter sind in dieser Küche kein Fremdwort, sondern lebensnotwenige Zutaten. Das Fleisch zerging auf der Zunge, und das Gemüse war bissfest und knackte leise.

So ging es vier Tage weiter. Nachdem Sie wieder zu Hause sind, rufen Sie Ihren besten Freund an, um sich mit ihm im Café zu treffen. Sie wollen von diesem traumhaften Urlaub erzählen. Dazu haben Sie sich sogar ein paar Notizen gemacht, um ja nichts zu vergessen.

Im Café erwarten Sie Ihren Freund. Er wirkt etwas ruhiger als sonst. Auch sehen Sie Augenringe und einen sehr müden Ausdruck in seinen Augen. Sie spüren, irgendetwas stimmt nicht … und Sie wollen doch von diesem Traumurlaub erzählen. „O. K.", denken Sie, „lasse ich ihm den Vortritt, dann kann ich später ausführlich und ungebremst von meinem Urlaub erzählen".

Sie: *„Was ist los, Dich bedrückt doch etwas?"*
Er: *„Ich glaube, Iris betrügt mich."*

Oje, wieder die alte Geschichte. Er hatte schon des Öfteren diesen Verdacht. Er ist auch sehr eifersüchtig. Jetzt steht Ihre Freundschaft auf dem Prüfstand.

- Gelingt es Ihnen, sich wirklich für seine Probleme zu interessieren?
- Gelingt es Ihnen, Ihre Geschichte zur Seite zu stellen und sich auch mit Ihren Gedanken ganz auf die Geschichte Ihres Freundes einzulassen?
- Gelingt es Ihnen, nicht auf die Uhr zu schauen und zu denken: *„Oje, hoffentlich habe ich noch genug Zeit, um meine Urlaubsgeschichte zu erzählen?"*
- Gelingt es Ihnen wirklich, Ihrem Freund auf Augenhöhe zu begegnen?

Jetzt tauschen Sie das Hotel durch Ihr Produkt oder Ihre Dienstleistung aus. Sicherlich können Sie auch davon so schwärmen wie von einem traumhaften Urlaub. (Wenn nicht, dann lesen Sie Kap. 5.)

Ihren Freund ersetzen Sie durch Ihren Kunden. Zum einen hat Ihr Kunde ein Problem oder eine Anforderung, das/die mit dem Kauf Ihres Produktes oder Ihrer Dienstleistung gelöst werden soll. Zum anderen hat Ihr Kunde eine Reihe von Bedenken und Vorstellungen, die er immer hat, wenn er sich einem neuen Lieferanten zuwendet. Außerdem hat Ihr Kunde auch einige Forderungen an Sie, zum Beispiel zu den Lieferbedingungen, zum Preis oder zur Garantiezeit.

Es ist dieselbe Situation wie im Café. Gelingt es uns, unsere Vorstellungen und unser Bedürfnis, zu zeigen, was wir können, wirklich zur Seite zu stellen? Können wir die Rolle des Verkäufers tatsächlich außen vor lassen und einfach nur Mensch sein? Weg von Ihrem Produkt – hin zum Kunden und seiner Situation?

Mit dem Kunden auf Augenhöhe zu sein, bedeutet im Konsensitiven Verkaufen, nicht mehr zu prüfen, ob unser Gegenüber ins Beuteschema Kunde passt. Sie hören einfach auf damit! Es stellt sich vielmehr die Frage: „Können wir unserem Kunden vertrauen und ihn achten? Gibt es eine gemeinsame Basis?"

Eine Basis, die durch das Bedürfnis unseres Kunden und durch unser Angebot entsteht. Und damit ist kein Friede-Freude-Kuschelkurs gemeint, denn Sie können sehr wohl ganz nüchtern zu dem Schluss kommen, dass die gemeinsame Basis nicht vorhanden ist. Das ist nicht schlimm, das ist nur so, wie es ist.

> **Was Verkaufen für Sie ist**
> Bitte definieren Sie „Verkauf". Was ist Verkauf für Sie?
> *Bitte erst weiterlesen, wenn Sie Ihre eigene Definition gefunden haben. Danke.*

Wenn Sie Ihre Definition durchlesen, finden Sie jetzt Sätze wie:

- Der Kunde muss mir etwas abkaufen. Ich muss zum Abschluss kommen.
- Verkaufen ist ein Kampf. Der Bessere gewinnt.
- Beim Verkaufen muss man Rapport aufnehmen, sich auf die Bedürfnisse des Kunden einstellen.
- Verkaufen bedeutet, dem Kunden klar zu machen: Etwas Besseres bekommt er nicht mehr.
- Verkaufen bedeutet, der Sieger zu bleiben. Mit geschickter Psychologie kauft jeder.

Wenn Sie Verkaufen so oder ähnlich definieren, wenn Sie als Mensch an der Käuferfront stehen, dann verkaufen Sie klassisch. Das ist sehr hart. Kämpfen ist immer hart.

Dem Anderen etwas vorzumachen, ist immer anstrengend. Wie ich das meine: Ihr Ziel ist es einzig und alleine, den Auftrag zu bekommen, ausstrahlen sollen Sie aber ehrliches Interesse an Ihrem Kunden.

Rapport aufnehmen, so tun als ob, ist nicht einfach. Das mag einem Coach leichter fallen, nur der hat eine andere Aufgabe. So tun als ob, verursacht Bauchschmerzen.

Viel Wissen über psychologische Schachzüge kann kurzfristig zum Sieg verhelfen. Manchmal macht es den Blick in den eigenen Spiegel schwer. Und spätestens, wenn es der Kunde merkt, war es das.

Verkaufen nach diesem Schema ist anstrengend. Risikoreich. Kurzfristig ausgerichtet. Warum tun Sie sich das an?

1.4 Ihr Kunde: Experte oder Laie?

Wenn Sie zu Ihrem Kunden gehen, sollte es eine Phase geben, in der Sie sich wirklich für ihn interessieren. Eine Phase, in der Ihr Produkt, Ihre Person und Ihr Umsatz keine Rolle spielen.

Wann haben wir denn im normalen Leben Achtung vor einem Menschen? Entweder eilt dieser Person ein wunderbarer Ruf voraus und Sie haben schon viel von seinen Erfolgen oder von seiner souveränen Art gehört. Oder Sie kennen diesen Menschen und haben Achtung vor dem, was er geschaffen hat, wie er seinen Weg geht oder wie er über andere spricht.

Ersteres ist im normalen Verkaufsalltag eher ungewöhnlich. Wenn wir einen neuen Kunden kennen lernen, eilt ihm selten ein Ruf voraus. Weder ein guter noch ein schlechter. Alles andere sind Ausnahmen. Also bleibt nur Letzteres. Den Kunden so schnell wie möglich wirklich kennen zu lernen. Es gibt unterschiedliche Arten von Kunden.

Der Kunde als Experte: Ihr Kunde weiß oft besser über Ihr Produkt oder Ihre Dienstleistung Bescheid als Sie. Er arbeitet Tag ein, Tag aus mit Ihrem Produkt. Er kennt das Verhalten Ihres Produktes in allen Lebenslagen. Sie vertreiben es, er setzt es ein. Mit diesem Kunden auf Augenhöhe zu sein, bedeutet, ihm zuzuhören. Es bedeutet, sich zu bedanken, wenn Sie Neuigkeiten über Ihr Produkt erfahren, die sich bei der Verarbeitung herausgestellt haben.

Es bedeutet aber auch, seine Bedenken bezüglich Ihres Produktes ernst zu nehmen. Der Kunde als Experte hat Erfahrungen. Diese Erfahrungen sind nicht per se gut – es ist viel besser, diese Bedenken werden im Vorfeld offen angesprochen. Wischen Sie sie nicht einfach vom Tisch.

Sätze wie: *„Bei unserem supertollen Verfahren brauchen wir gar nicht mehr weiterzureden, das Problem hat es bei uns noch nie gegeben. Wir sind die Besten!"* kommen bei Ihrem Kunden nicht gut an. Er wird diese Art von Gespräch sicherlich als „schlechte" Erfahrung verbuchen, egal wie er sich entscheidet.

Ein Kunde, der Experte ist, überrascht Sie auch einmal mit Wissen, das Sie nicht haben. Auf Augenhöhe mit Ihrem Gesprächspartner bedeutet auch, zu sagen: „Das war mir neu, vielen Dank für den Hinweis." Schätzen Sie die Erfahrung Ihres Kunden.

Vor allem erfinden Sie nichts oder lügen gar, um gut dazustehen! So verlieren Sie schnell Ihr Gesicht und werden immer kleiner.

Der Kunde als Laie: Ihr Kunde ist auch auf Augenhöhe mit Ihnen, wenn er Laie in Ihrem Fachgebiet ist. Sie sind auf Ihrem Gebiet der Profi – Ihr Kunde muss das nicht sein. Er ist es auf seinem Gebiet.

> **Ihr Kunde darf „dumme" Fragen stellen**
>
> *Vor vielen Jahren war ich als Vertriebsbeauftragte mit unserem Unternehmen auf der Cebit. Damals haben wir Prospekte verteilt, auf denen ein Mann abgebildet war, der eine übergroße Steckkarte für den PC unter dem Arm trug (ähnlich der früheren Fernsehwerbung für Wrigley's Spearmint Kaugummi).*
>
> *In natura war die Steckkarte etwa postkartengroß und für die damaligen ATs und XTs geeignet. Die Steckkarte bedeutete eine Revolution, mit ihr konnte man PCs an Nixdorf-Rechner anschließen.*
>
> *Einige Tage nach der Cebit Messe rief mich ein potenzieller Kunde an. Er war sehr aufgeregt und meinte: „Endlich gibt es diese Emulations-Karten. Aber wie bekomme ich die große Karte in meinen kleinen PC?" Schmunzeln ist menschlich. Meine Antwort damals war:*
>
> *„Sie haben Recht, es ist wichtig, dass die Steckkarten in der Größe kompatibel sind. Daher gibt es für jeden PC Normgrößen. Ich bin sicher, wir haben auch die richtige Größe für Ihren PC." Er war sehr erleichtert und wurde einer meiner größten Kunden.*

Eine überhebliche Antwort, Spott oder das Verdrehen der Augen wären hier die falsche Reaktion gewesen. Dieser Mann leitete mehrere hundert Sparkassen. Wenn wir ein ähnlich hohes Arbeitspensum noch neben unserem eigentlichen Beruf bewältigen können, steht uns vielleicht ein schiefer Blick zu. Bis dahin ist unser Kunde Experte auf seinem Gebiet und wir auf unserem. Zusammen kann das die Basis einer langen und vertrauensvollen Zusammenarbeit sein.

Der Kunde darf seine Ängste und Bedenken aussprechen und bleibt trotzdem auf Augenhöhe.

> **Beispiel**
>
> **Ihr Kunde:** *„Sind Sie sicher, dass Sie die gewünschte Liefermenge von 100.000 Stück in so kurzer Zeit schaffen?"*
> **Sie, der Verkäufer:** *„Ja, ja, machen Sie sich da mal keine Sorgen. Das schaffen wir locker. Wir sind doch die Besten und Größten auf dem Markt."*
> Das wäre sicherlich keine Antwort auf Augenhöhe. Besser ist folgende Antwort:
> **Sie, der Verkäufer:** *„Angenommen, die Lieferung kommt nicht rechtzeitig? Was würde das für Sie bedeuten?"*
> **Ihr Kunde:** *„Wir könnten den Zeitplan der Produktion nicht einhalten. Wenn wir unser Produkt nicht rechtzeitig liefern, müssen wir eine Konventionalstrafe in fünfstelliger Höhe bezahlen."*
> **Sie, der Verkäufer:** *„Ich kann Sie verstehen. Das ist ein hohes Risiko. Damit die Lieferung bei Ihnen rechtzeitig ankommt, haben wir folgende Schritte geplant: Schritt 1: ..."*

Ein Fremdenführer in Bremen brachte es einmal folgendermaßen auf den Punkt: *„Es gibt keine dummen Fragen, nur arrogante Antworten!"*

1.5 Kunden spüren, wenn das Verständnis nur geheuchelt ist

Sie, als Kunde, merken sofort, wenn jemand nur so tut als ob, wenn ein Verkäufer Ihnen gegenüber Verständnis heuchelt oder mit leeren Worthülsen um sich schmeißt. Hier geht es Ihrem Kunden genauso wie Ihnen. Wenn Sie Aussagen Ihres Kunden nicht nachempfinden können, stellen Sie sich vor, Sie wären an seiner Stelle. Stellen Sie sich vor, wie Sie eine Überweisung an Ihren Kunden ausfüllen mit einem fünfstelligen Betrag, und das nur, weil Sie eine Zusage nicht eingehalten haben. Wenn Sie jetzt Ihr Verständnis für seine Situation ausdrücken, kommt es sicherlich richtig rüber.

Oft reicht es auch, sich daran zu erinnern, wie es war, als Sie sich einmal auf eine Zusage verlassen haben und Ihr Gegenüber diese nicht eingehalten hat. Jetzt wissen Sie, wie Ihr Kunde sich nicht fühlen will – und können mit der richtigen Einstellung antworten.

Manchmal fragt ein Kunde immer wieder dasselbe. Woran könnte das liegen? Paul Watzlawick hat einmal gesagt: „Wahr ist nicht, was A sagt, sondern was B versteht. Für B jedenfalls."

Oder anders ausgedrückt: Der Sender trägt die Verantwortung für die Botschaft. Wenn unser Kunde nicht versteht, was wir meinen, haben wir wahrscheinlich noch nicht die richtigen Worte gefunden. Gehen Sie das Gesagte Schritt für Schritt noch einmal durch. Lassen Sie sich nach jedem Punkt bestätigen, dass Ihr Gegenüber ihn verstanden hat, um anschließend zum nächsten Punkt zu gehen.

Vermeiden Sie es, Ihren Kunden mit Fachchinesisch beeindrucken zu wollen. Das ist kein Umgang auf Augenhöhe. Reden Sie in einer gut verständlichen Alltagssprache und verwenden Sie nur die Begriffe, die Ihr Kunde auch verwendet, oder Fachbegriffe, die für das gemeinsame Verständnis nötig sind.

Wenn Sie bemerken, dass Ihr Kunde immer wieder eine Wiederholung braucht, weil er nicht zuhört, dann schlagen Sie ihm einen neuen Termin vor, bei dem er wirklich Zeit und Ruhe hat, die Punkte durchzugehen.

1.6 Augenhöhe bedeutet volle Aufmerksamkeit

Sie räumen Ihrem Kunden Zeit und Ihre volle Aufmerksamkeit ein, um eine wirklich partnerschaftliche Basis zu schaffen. Das Gleiche gilt auch für Ihren Kunden. Wenn während Ihres Gespräches ständig Mitarbeiter mit Fragen hereinkommen oder das Telefon klingelt oder er sogar den Raum für einige Minuten verlässt, weil es gerade irgendwo brennt, dann ist dieser Termin nicht der richtige. Brechen Sie das Gespräch ab. Zeigen Sie Verständnis für die Umstände, manchmal wird ein Termin von unvorhergesehenen Dingen bestimmt. Dann ist es Zeit, den Termin abzubrechen und einen neuen zu vereinbaren.

Im Konsensitiven Verkaufen wäre es völlig normal, den Kunden auf den Wald aufmerksam zu machen, den er vor lauter Bäumen nicht mehr sieht. Ohne dabei den Zeigefinger zu heben. Sie gehen im Konsensitiven Verkaufen ein gemeinsames Commitment des Vertrauens ein – und beweisen es vom ersten bis zum letzten Schritt.

Wenn Sie es schaffen, eine Beziehung mit Ihrem Kunden auf Augenhöhe aufzubauen, haben Sie etwas, das kein Mitbewerber mit Rabatten schlagen kann. Eine vertrauensvolle Beziehung auf Augenhöhe hält den Stürmen des Alltages stand. In einer vertrauensvollen Beziehung finden Sie auch gemeinsam eine Lösung, wenn etwas schief läuft, egal, wer daran „schuld" ist. In so einer Beziehung ziehen Sie gemeinsam mit Ihrem Kunden an einem Strang. Sein Erfolg ist Ihr Erfolg – Ihr Erfolg ist sein Erfolg. Das ist die Basis für eine gelungene Geschäftsbeziehung. So macht Verkaufen wirklich Spaß.

> **Erfolgsrezept**
>
> Sie sind erfolgreich mit diesen fünf Prinzipien:
> 1. Ehrlichkeit und Offenheit.
> 2. Sie und Ihr Kunde sind gleichwertig.
> 3. Augenhöhe ist mehr als das Win-win-Prinzip, es bedeutet, den Anderen zu achten.
> 4. Ihr Kunde ist als Laie genauso wertvoll wie als Spezialist.
> 5. Sie begegnen den Fragen und Bedenken Ihres Kunden mit Wertschätzung.

Literatur

Köhler, H.-U. 2010. *Verkaufen ist wie Liebe*. Regenburg: Wahlhalla Fachverlag.
Wikipedia. 2014. *Win-Win*. http://de.wikipedia.org/wiki/Win-win. Zugegriffen: 21. April 2015.

Brauchen, wollen und bezahlen können 2

▶ In diesem Kapitel finden Sie heraus, wie Sie Ihre Kunden nach Interessen definieren können. Sie erfahren, wie nützlich diese Informationen sind und welche Konsequenzen dieses Wissen hat.

Im klassischen Verkaufen definieren wir unsere Kunden meist über die Branche, die Umsatzzahlen oder die Anzahl der Mitarbeiter. Wir teilen sie nach Regionen und/oder deren Zielgruppen ein. Oft dient auch eine Marktanalyse als Basis für die Definition der gewünschten Kundenzielgruppe.

Wenn Sie aus Gründen der Reichweite Ihrer Techniker bzw. Ihrer kurzen Reaktionszeit Ihren Kundenkreis nur innerhalb von 200 km haben, ist das nachvollziehbar.

Wenn Ihre Dienstleistung Gartengestaltung und Gartenpflege ist, sind Besitzer von Eigentumswohnungen eher weniger Ihre Zielgruppe. Hier machen die Kriterien des klassischen Verkaufens Sinn. Doch die klassische Zielgruppendefinition und Marktforschung sind zu wenig, um sich von Mitbewerbern abzuheben.

Lotter (2006) bemerkt im Wirtschaftsmagazin Brand Eins dazu: „Marktforscher liefern immer weniger solide Ergebnisse, weil sie mit der ‚Zersplitterung der Zielgruppen' zu kämpfen haben."

Roger Rankel (2010, S. 93) beschreibt in seinem Buch „Sales Secrets" folgendes Beispiel: „(…) 2005 gab der britische Musiksender MTV eine Studie zu den wichtigsten Strömungen in der Jugendkultur heraus, um seine Programme darauf abzustimmen und schlagkräftige Argumente für Werbekunden zu haben. Die Studie förderte nicht weniger als 36 verschiedene Jugendkulturen zutage und ließ die MTV-Macher einigermaßen ratlos zurück. Schubladendenken bringt also nicht weiter. Aber möglicherweise verbinden all die bunten, schrillen, provozierenden Jugendkulturen ja gemeinsame Interessen? Waren wir nicht alle einmal 16 und wissen noch ungefähr, wie sich das anfühlt?"

Stellen Sie sich also zwei Fragen.

- Erstens: Welche Interessen haben Ihre Kunden?
- Zweitens: Welche dieser Interessen können Sie erfüllen? Mehr noch: Für welche Interessen sind Sie Spezialist? Was sind Ihre Stärken?

Im Konsensitiven Verkaufen nutzen Sie die klassische Kundenbestimmung. Aber darüber hinaus forschen Sie nach den tiefergehenden Interessen Ihres zukünftigen Kunden. Nur wenn Sie die tiefer gehenden Interessen Ihres Kunden befriedigen, ist er bereit, Verpflichtungen einzugehen.

Lassen Sie Ihre Stärken und die Interessen Ihres künftigen Kunden zusammenfließen und erstellen Sie ein Angebot, das überzeugt.

2.1 Ihr Kundenstamm unter der Lupe

Wenn Sie nicht vollkommen neu in Ihrer Branche sind, verfügen Sie vermutlich über einiges Marktwissen. Erarbeiten Sie sich auf dieser Basis Ihre eigene Marktanalyse.

Erstellen Sie eine Matrix über Ihre Kunden. Selbstverständlich können Sie mit den statistischen Informationen anfangen. Das könnte wie in Tab. 2.1 aussehen.

Das Ergebnis: Die meisten Ihrer Kunden sind in einem Umfeld von fünf Minuten bis zu einer Fahrt von zwei Stunden (150 km).

Das können Sie mit allen statistischen Daten machen, wie beispielsweise Größe und Umsätze, Branchen oder welche Abteilungen bei Ihnen kaufen. Wenn die Branchen sehr klar definiert sind, zum Beispiel wenn Ihre Kunden pharmatechnische Unternehmen in Deutschland sind, dann machen Sie sich ein Bild davon, wie viele Unternehmen es davon in Deutschland gibt oder in dem Radius, in dem Sie agieren möchten. Diese Informationen helfen Ihnen, das nötige Standing zu haben, Ihrem Kunden gegebenenfalls mit einem „Nein" zu antworten. Und das ist wichtig! Wie wollen Sie Ihrem Kunden auf Augenhöhe beggnen, wenn Sie auf ihn angewiesen sind?

Sie sind Spezialist! Worin? Wofür? Erstellen Sie dazu eine Liste von Problemen, Herausforderungen oder Anforderungen, die Ihre Kunden haben und die die Grundlage für eine Geschäftsanbahnung sind.

Tab. 2.1 Entfernung meiner Kunden zu meinem Unternehmen

5 min	30 min	1 h	100 km	150 km	200 km	300 km	500 km
10	15	53	30	25	10	8	2

2.1 Ihr Kundenstamm unter der Lupe

Wenn Sie Bauholz verkaufen, ist das schnell geklärt. Ihre Kunden wollen bauen und brauchen das Holz von Ihnen. Das ist die Anforderung Ihrer Kunden an Sie. Sicherlich gibt es auch hier Spezialisierung und Feintuning in der Anforderung an Bauholz. Doch lassen wir es bewusst grob definiert stehen.

Wenn Kunden Putzmittel brauchen, sieht das Ganze schon etwas breitgefächerter aus. Es gibt tausende von unterschiedlichen Oberflächen, ergo gibt es auch genauso viele unterschiedliche Putzmittel. Welche Kunden haben bisher bei Ihnen gekauft? Mit welchen Putzmitteln, lösen Sie am häufigsten die Probleme Ihrer Kunden? Welche Ihrer Kunden diskutieren nie oder wenig über den Preis, da die Lösung des Problems im Vordergrund steht?

Worin sind Sie also Spezialist? Wenn Sie das definiert haben, stellt sich als nächstes die Frage: Gibt es Mitbewerber zu Ihrem Spezialistentum? Wahrscheinlich! Warum haben Ihre Kunden dann bei Ihnen gekauft und nicht bei der Konkurrenz? Was macht Sie besonders? Erstellen Sie eine Liste der möglichen Gründe. „Weil ich als Verkäufer gut bin", ist keine Antwort. Definieren Sie „gut". Wenn Sie keine befriedigende Antwort finden, fragen Sie Ihre Kunden. Finden Sie heraus, worin Sie Spezialist sind und warum Ihre Kunden bei Ihnen kaufen, obwohl es noch andere Spezialisten gibt. Übrigens sind es wahrscheinlich mehrere Gründe. Wahrscheinlich bis zu einer Handvoll, die immer wieder genannt werden bzw. die Ihnen durch Ihre Analyse auffallen.

Jetzt stellen Sie einen Musterkunden zusammen. Erstellen Sie die „ideale" Form Ihres Kunden, wie es ein Künstler für seine Bronzestatue tut. Von der Entfernung über die Branche bis hin zum ausschlaggebenden Entscheidungskriterium, wo ist die größte Schnittmenge?

Damit haben Sie den idealen Kunden. Danach definieren Sie die nächsten drei Schnittmengen. Also: Welche drei bis vier Kundendefinitionen kommen Ihrem idealen Kunden am nächsten? Im Idealfall ergibt das fünf Kundendefinitionen, eine ideale und bis zu vier annähernd ideale Definitionen. Mit dieser Matrix können Sie nun jede weitere Adresse prüfen, die Sie per Akquise ansprechen möchten.

Eine weitere Möglichkeit, einen Kunden zu definieren, ist, eine Lösungsmatrix zu erstellen. In welcher Situation sind Sie der Problemlöser? Das macht vor allen Dingen Sinn, wenn die Lösung sehr spitz ist, also eine Nische bei Ihren Kunden bedient.

In der BMW Welt in München habe ich so eine Nischenlösung einmal erlebt, die sehr plastisch zu beschreiben ist. Die BMW Welt ist so groß wie der Markusplatz in Venedig. Da gibt es sehr viel zu putzen. Doch jeder, der hier seine Reinigungsdienste anbietet, steht einer unzähligen Anzahl von Mitbewerbern gegenüber. Außer in einem kleinen Bereich: Das Reinigen der Oldtimer – der wertvollen Exponate. Nicht nur, dass viel Fingerspitzengefühl gefordert wird, damit nichts zu

Schaden kommt. Es ist auch Spezialwissen erforderlich, zum Beispiel wie die alten Lacke der Autos behandelt werden dürfen oder das feine Leder der schönen Einzelstücke. Hier sind Reinigungskräfte gefordert, deren Augenmerk auf die schonende Behandlung und das „Mitdenken" gerichtet sind und nicht auf Schnelligkeit. Solche Spezialkräfte und damit Anbieter gibt es bedeutend weniger. Eine Nische!

Erstellen Sie eine Lösungsmatrix. Diese Lösungsmatrix enthält:

- Offensichtliche Probleme
- Detaillierte Probleme
- Probleme beim Blick hinter die Kulissen
- Probleme beim Blick hinter die Emotionen
- Blick über den Tellerrand: Wer hat ähnliche Probleme?

Machen Sie sich Gedanken darüber, welche offensichtlichen Probleme Sie lösen. Das offensichtliche Problem in unserer Geschichte über die BMW Welt ist der Wunsch nach genereller Sauberkeit. Das detaillierte Problem ist die Reinigung spezieller Exponate, die unter Umständen mehrmals täglich gereinigt werden müssen. Das Problem beim Blick hinter die Kulissen ist, dass die Exponate sehr empfindlich sind und bei falscher Behandlung schnell beschädigt werden können. Das Problem beim Blick hinter die Emotionen ist, dass jährlich x-Tausend Euro für die Reparatur von Exponaten ausgegeben werden und genau dieses Budget um 15 % gekürzt wurde.

Mein Sohn ist Maler und er liebt seinen Beruf. Zu seinen Kunden zählt unter anderem ein Hotel. Er wird mehrmals im Jahr gerufen, um Schäden an der Wandbemalung zu beheben. Nein, nicht verursacht von unvorsichtigen Hotelgästen, die mit den Schuhsohlen an der Wand dastehen, auch nicht von unvorsichtig geschüttelten Ketchupflaschen oder Kindern, die unbeaufsichtigt die Wände in den Fluren oder in den Zimmern anmalen – nicht, dass das nicht auch mal vorkommt. Nein, das viel größere Problem sind die Mitarbeiter, die mit diversen Transportfahrzeugen wie zum Beispiel Kofferkulis, Servierwagen, Putzwagen oder fahrbaren Tischen regelmäßig gegen die Wände, Nischenecken oder Mauerkanten fahren. Die deswegen anfallenden Malerarbeiten gehen Jahr für Jahr in die Tausende.

Zurück zu unserem Reinigungsbeispiel:. Der letzte Punkt in Ihrer Matrix lautet: Blick über den Tellerrand: Wer hat ähnliche Probleme? Wer braucht noch meine Nischenlösung? Passt diese Nischenlösung nur für Oldtimer oder auch für andere wertvolle Exponate, wie zum Beispiel in Museen, Galerien und Auktionshäusern.

Damit haben wir jetzt sechs unterschiedliche „ideale Kunden", fünf durch die Definition von Eckdaten und Anforderungen und eine sechste, bei der keines dieser Kriterien zutreffen muss, sondern nur eine ganz spezielle Problemstellung gegeben sein muss, für die Sie die Lösung haben.

Jetzt nehmen Sie Ihre Adressen und unterziehen jede einzelne der Matrixprüfung. Je nach Kriterien geht das rein über das Internet, Social Media oder in seltenen Fällen noch die Imagebroschüren, manchmal bedarf es auch direkter Nachfragen bei dieser Kundenadresse.

2.2 Der Budget-Faktor

Angenommen Sie gehen zu einem Juwelier, um sich eine Uhr zu kaufen. Es soll ein besonderes Stück sein. Sie haben genau 1000 € im Portemonnaie und keine EC-Karten oder Kreditkarten dabei. Es werden Ihnen einige wunderschöne Stücke vorgelegt. Nachdem Sie jede Uhr von allen Seiten begutachtet haben, kommen zwei in die engere Wahl. Der Preis der einen ist 849 €, und der Preis der anderen beträgt 1187 €. Ihre Wahl ist nun eindeutig. Sie nehmen die erste, denn Ihr Budget ist klar definiert: Wenn nur 1000 € da sind, können Sie nur 1000 € ausgeben.

Diese Form des klaren Budgets gibt es auch bei Ihren Kunden. Die Kunden sprechen auch darüber, dabei begründen und definieren sie das Budget meistens. Ein Grund für ein begrenztes Budget kann ein klar definierter Etat sein, der sich durch die gesamten Einnahmen und Ausgaben definiert. Diese Situation entspricht unserem oben genannten Beispiel. Wenn im Etat nicht mehr drin ist, kann nicht mehr ausgegeben werden, egal, wie reizvoll ein Produkt mit einem höheren Preis wäre. Viele Verkäufer meinen, dass Budgets, die genannt werden, mehr eine Aufforderung des Kunden zum Feilschen sein sollen. Das kann vielleicht mal sein, dem ist aber nicht prinzipiell so. Sehen Sie das lieber so: Definierte und begründete Budgets sind keine Aufforderung zum Feilschen, sondern zum lösungsorientierten Handeln.

Wenn sich ein Situationsfaktor ändert

Gibt es Möglichkeiten, dass sich ein fester Budgetbetrag erhöht? Ja, die gibt es. In unserem Beispiel mit dem Juwelier wäre die einfachste Lösung, dass der Juwelier mit seinem Preis runtergeht. Das würde mich, als Kundin, erst einmal freuen. Auf den zweiten Blick würde es mich aber auch misstrauisch machen. Ein spontaner „Rabatt" von beinahe 20 %? Da stimmt doch etwas nicht! War der Preis vorher dann nicht überteuert? Hier müsste der Juwelier schon einen guten Grund haben. Oder mir ist natürlich alles egal, Hauptsache ich kann mir die Uhr kaufen.

Die glaubwürdigere Lösung ist jedoch die Änderung einer Situationskomponente:

- Erste Möglichkeit: Ich habe doch noch irgendwo versteckt einen Notgroschen von 200 €, den ich jetzt aus dem Hut zaubere.
- Zweite Möglichkeit: Der Juwelier gibt mir die knapp 20 % Rabatt mit einem wirklich guten Grund.
- Dritte Möglichkeit: Ich verändere den Zeitfaktor und zahle die Uhr heute an und hole sie mir nach dem nächsten Ersten, wenn ich 200 € mehr im Geldbeutel habe.

Dies bedeutet nun für Ihren Verkaufsalltag, dass Sie im ersten Schritt prüfen, ob das Budget Ihres Kunden zumindest in der Nähe Ihres Preises steht. Wenn dies grundsätzlich der Fall ist, Ihr Angebotspreis jedoch über dem klar definierten Etat Ihres Kunden liegt, dann ist ein sinnvoller Rabatt möglich.

Ein sinnvoller Rabatt kann sich durch die Menge definieren, indem Sie mit Ihrem Kunden einen Rahmenvertrag über einen längeren Zeitraum abschließen. Ihr Kunde bekommt also auf den heutigen Auftrag die knapp 20 % Nachlass. Er verpflichtet sich jedoch, den Bedarf der nächsten 2 Jahre nur von Ihnen zu kaufen.

Oder Ihr Kunde verpflichtet sich, auf einen Teil des Services zu verzichten, zum Beispiel auf die Lieferung der Produkte. Sie erfolgt durch Abholung seitens des Kunden.

Eine Trainerkollegin bietet in solch einem Fall auch an, dass ihr Kunde eine Datei mit den Unterlagen erhält, er jedoch den Ausdruck für alle Teilnehmer selber tätigt. Es gibt viele Möglichkeiten, einen sinnvollen Rabatt zu geben, ohne dass Sie als Lieferant gegen Ihr eigenes Win-win-Prinzip handeln. Wichtigstes Prinzip dabei: Für die Differenz zum ursprünglichen Preis „kaufen" Sie quasi eine Gegenleistung. Und der virtuelle Preis für diese Gegenleistung sollte für Sie ein günstiger sein.

Es gibt noch eine weitere, eine vierte Möglichkeit: Das Anzapfen weiterer Etattöpfe. Wenn Sie zum Beispiel für Ihren Kunden eine Verfahrensänderung erarbeiten, die ihm bei einem anderen Etat im Unternehmen Geld einspart, hat er die Möglichkeit, das Budget für Ihr Produkt aus diesem Topf zu erhöhen.

2.3 Der Umsatz-Faktor

Kunden werden seit jeher in A-, B-, C- oder D- Kunden eingeteilt. Die Kriterien für diese Einteilung sind ganz unterschiedlich, auch die Bezeichnungen variieren. Meistens beruhen jedoch die Kriterien, darauf, ob wir mit einem Kunden viel oder wenig Umsatz machen, ob er regelmäßig oder selten bestellt oder ähnliches. Umsatzstarke Kunden werden dann schnell zu A-Kunden, umsatzschwächere reihen

2.3 Der Umsatz-Faktor

sich dann bei den Buchstaben B, C oder D ein. Diese Einteilungen haben sich bewährt und werden von vielen Firmen so eingesetzt. Doch, wie immer, hat auch hier jeder Vorteil einen Nachteil. Die sogenannten A- Kunden, sind zum einen oft diejenigen, welche nicht nur 80 % unseres Umsatzes ausmachen und damit ein sehr großes Loch in unsere Planung reißen, wenn sie, aus welchen Gründen auch immer, wegbrechen. Sie kosten uns zum anderen auch oft 80 % unserer Nerven und Zeit, weil ihre Ansprüche auf Grund ihres Status sehr hoch sind. Aus der Sicht der A-Kunden ist das auch gerechtfertigt. Wenn wir jedoch mit diesen Kunden so beschäftigt sind, dass wir weder Zeit und Energie haben, weitere Kunden zu akquirieren, noch Zeit für die Entwicklung von neuen Innovationen haben, dann können A-Kunden im doppelten Sinne gefährlich werden. Dazu kommt, dass A-Kunden auch meistens die höchsten Rabattsätze haben. Logischerweise, da sie hohe Abnahmezahlen generieren, verhandeln sie auch hart. Das wird jetzt kein Aufruf zur Vermeidung von A-Kunden, sondern es geht um eine erfolgreiche Klassifizierung von Kunden, um damit die Kundengewinnung so zu steuern, dass Sie mit geringstmöglichem Aufwand Ihre Ziele am schnellsten erreichen.

Im Konsensitiven Verkaufen habe ich deshalb eine neue Bewertungsskala entwickelt. Dazu stellt sich in erster Linie die Frage nach dem Ziel. Das Ziel kann sein, so viel Umsatz, respektive Gewinn wie möglich. Das Ziel kann aber auch sein, so wenig aktive Arbeitstage wie möglich. Oder das Ziel ist eine gute Mischung aus beidem.

Gerade bei Dienstleistern schwanken die Tages- oder Stundensätze je nach Quantität der Aufträge stark. Hier nun die Überlegung am Beispiel eines Trainers oder Beratungsdienstleisters:

> **Beispiel**
>
> Angenommen, Ihr Umsatzziel für ein Jahr lautet 200.000 € und Ihr Tagessatz beträgt 4000 €. Dann bedeutet dies, dass Sie 50 Tage im Einsatz sein müssten. Die erste Frage lautet nun: Wie viele Kunden brauchen Sie, damit Sie 50 Tage à 4000 € umsetzen?
>
> Die Branchenerfahrung zeigt, dass im statistischen Mittel 4000 € meistens nur von Kunden bezahlt werden, die ein bis zwei Trainingstage in Auftrag geben.
>
> Dies bedeutet: Um in 50 Tagen 200.000 € Umsatz zu generieren, bei 1,5 durchschnittlichen Trainingstagen pro Kunden, brauchen Sie ca. 34 Kunden. Das wäre dann Ihr KV1-Kunde.
>
> Wenn die Kunden dagegen im Durchschnitt 5 bis 20 Trainingstage buchen, erwarten sie einen Rabatt. Nehmen wir an, Ihr Tagessatz rutscht dann

auf 3000 €. Das würde bedeuten, Sie brauchen dann 67 Trainingstage, um Ihre geplanten 200.000 € Umsatz zu machen. Für diese 67 Trainingstage benötigen Sie zwischen vier Kunden (bei ca. 20 Tagen pro Kunde) und 13 Kunden (bei fünf Tagen pro Kunde). Das wäre dann Ihr KV2-Kunde.

Diese Rechnung können Sie nun mit weiteren Variablen durchführen. Je höher die Anzahl der Auftragstage pro Kunde ist, desto niedriger ist das Honorar pro Tag, desto weniger Kunden müssen Sie finden.

Hier finden Sie eine Schablone, die Ihnen hilft, Ihr eigenes KVn-System zu entwickeln. So, jetzt haben wir unsere Kunden nach Zahlen definiert. Doch es steckt ja mehr dahinter. Welche Eigenschaften hat ein KV1-Kunde und welche Eigenschaften ein KV2-Kunde? Diese Eigenschaften kennzeichnen sich durch die Anzahl der Mitarbeiter insgesamt, vielleicht unterteilt in Mitarbeiter, welche im Vertrieb tätig sind. In unserem Modell haben KV1-Kunden zum Beispiel 50 bis 200 Mitarbeiter und mehr als fünf bzw. bis zu 20 Vertriebsmitarbeiter. Die KV2-Kunden haben 200 bis 500 Mitarbeiter und 20 bis ca. 50 Vertriebsmitarbeiter. Dazu können noch branchenspezifische Informationen kommen, mit Produktion, ohne Produktion und, und, und.

Wie finden Sie das heraus? Analysieren Sie Ihre bisherigen Kunden nach der Beispielmatrix oder entwickeln Sie Ihre eigene Matrix. Bei wenig Kundeninformationen können befreundete Kollegen, Branchenverbände und Fachzeitschriften helfen.

Persönlich habe ich meine Kunden von KV1 bis KV4 eingeteilt. Dabei suche ich vor allem am Ende des Jahres für das nächste Jahr nach Kunden, die der Matrix KV3 entsprechen. Denn diese garantieren mein Grundrauschen und ich brauche dazu nicht mehr als vier. KV4 suche ich nicht aktiv, aber sage nach genauerer Prüfung auch nicht automatisch „nein", wenn solch eine Anfrage hereinkommt. KV1 sind, nachdem mein Grundrauschen gestillt ist, die Kunden, bei denen ich in der Verhandlung sehr klar bleibe und dies auch mit dem nötigen Selbstbewusstsein tun kann. Dabei ergeben sich viele Verhandlungssituationen, aus denen nicht nur ich immer wieder lerne, sondern die ich dann auch aus erster Hand an meine Teilnehmer und Leser weitergeben kann. Das gilt für die positiven wie auch negativen Erfahrungen.

Nehmen Sie sich die Zeit und erstellen Sie Ihre eigene KV-Matrix plus entsprechender Kundendefinition, anschließend definieren Sie Stück für Stück Ihre potenziellen Kundenadressen. Des Weiteren klassifizieren Sie ab sofort jede neue Kundenadresse dementsprechend.

Dadurch steuern Sie aktiv Ihre Vertriebstätigkeit und haben die Chance, am Anfang des Jahres schon ruhiger schlafen zu können, weil Sie wissen, dass das

Grundrauschen gesichert und jeder weitere Auftrag ein Sahnehäubchen ist, dass Ihnen Freiräume für Zusatzinvestitionen oder Freizeit bietet; je nachdem, wo Ihr persönliches Ziel liegt; mehr Geld, mehr Freizeit oder eine gesunde Mischung daraus.

2.4 Zeitfresser: „falsche" Adressen

Ich erlebe immer wieder, wie viel Zeit Vertriebsmitarbeiter damit verschwenden, die falschen Adressen anzusprechen. Einer meiner Kunden – wir betreuten die Telefonzentrale – ist ein Pharmaunternehmen, welches ganz eng in seinem Produktangebot ist. Es gibt genau drei Produktvarianten eines sehr speziellen Medikamentes. Reiner Vertrieb und ein ganz kleines Team – keine eigene Produktion. Doch die Anbieter für die Verbesserung von Produktionen rennen uns die Tür, respektive das Telefon ein. Wobei ein Blick auf die Internetseiten dieses Unternehmens sofort zeigen würde: keine Produktion – kein Bedarf rund um die Produktion. Schauen Sie sich die Kontaktadresse genau an. Diese Person oder dieses Unternehmen sollte wenigstens theoretisch Ihr Kunde sein können, weil das Anforderungsprofil passt.

Künftiger Kunde ist, wer Ihr Angebot braucht. Mit der obengenannten Vorgehensweise haben Sie den potenziellen Kunden definiert, der braucht, was Sie anbieten. Rein theoretisch jedenfalls.

Im Beispiel des Pharmaunternehmens wäre es völlig egal, ob ein Anbieter das neueste Tool zur Produktion von Medikamenten hätte, zum günstigsten Preis, mit den besten Lieferbedingungen usw. Denn der Kontakt ist überhaupt kein künftiger Kunde: Er produziert nicht.

Wenn Ihr künftiger Kunde eine Voraussetzung erfüllen muss, die aus den Internetseiten nicht ersichtlich ist, dann klären Sie dies per Telefon.

Beispiel: Nachfragen kostet wenig

Sie, der Verkäufer: *„Grüß Gott, Firma Spiess und Partner. Mein Name ist Hermann Schuster. Wir sind spezialisiert auf die Beschleunigung von Produktionen. Produzieren Sie selbst oder sind Sie ein reines Vertriebsunternehmen?"*

Ihr Kunde: *„Wir produzieren nicht. Wir sind ein reines Vertriebsunternehmen. Unsere Mutter in den Niederlanden ist für die Produktion zuständig."*

Sie, der Verkäufer: *„Vielen Dank für die Information. Planen Sie mittel- oder langfristig eine Veränderung, so dass das Thema Produktionsprozesse für Sie von Interesse werden könnte?"*

Ihr Kunde: *„Meines Wissens ist nichts geplant."*

Sie, der Verkäufer: *„Vielen Dank. Diese offenen Worte sparen Ihnen und mir viel Zeit. Ich wünsche Ihnen weiterhin viel Erfolg."*

Dieser Kontakt ist kein künftiger Kunde, er braucht Ihr Angebot nicht. Hätte die Firma aber geantwortet, dass sie auch über eine eigene Produktion verfügt, wäre aus der Nachfrage gleich die Anbahnung eines Verkaufsgesprächs geworden. Dann wäre der nächste Schritt gewesen, grundsätzlich zu klären, ob der künftige Kunde Ihr Angebot **jetzt** will.

2.5 Ja, ich will!

Woran erkennen Sie, ob ein künftiger Kunde ein Kunde werden kann? – Daran, dass er Ihr Angebot will. Und zwar jetzt. Und woran erkennen Sie, ob er das Angebot jetzt wirklich will? – Daran, dass er bereit ist, mit Ihnen seine Ansprüche an das Produkt oder an Ihre Dienstleistung klar zu definieren oder mit Ihnen einen Definitionsprozess zu starten.

Er ist auch bereit, seinen Verpflichtungen als Kunde nachzukommen. Ihnen zum Beispiel Daten und Fakten zur Verfügung zu stellen. Oder sich klar zu committen, dass er kaufen wird, wenn Ihr Angebot die vorher definierten Punkte enthält.

Warum ist das so wichtig? Nun, manche künftigen Kunden neigen dazu, Sie mit den Worten „Machen Sie doch mal ein Angebot" wegzudelegieren. Sie kennen das! Wenn so etwas passiert, fragen Sie nach genaueren Details für das Angebot, zum Beispiel: „Legen Sie mehr Wert auf den Preis?" oder „Ist Ihnen eine schnelle Lieferung wichtig?" oder „Was ist der wichtigste Bereich in einem Angebot für Sie? Auf was legen Sie besonders Wert?"

Diese künftigen Kunden antworten meist in etwa so: *„Schicken Sie uns doch erst einmal Ihr Angebot! Dann werden Sie schon sehen, ob es passt. Sie hören dann ja von uns."*

So eine Antwort zeigt sehr genau, dass dieser künftige Kunde Ihr Angebot jetzt nicht will. Aus welchen Gründen auch immer. Er möchte sich momentan nicht mit Alternativen zu seinem jetzigen Lieferanten auseinandersetzen.

Dabei behandelt er uns auch nicht auf Augenhöhe. Ein Angebot anzufordern, das niemand wirklich braucht, ist reichlich unfair. In vielen Branchen und Dienstleistungsbereichen ist ein sorgfältiges Angebot immerhin ein großer Aufwand. Diesen Aufwand sollten Sie nur bei künftigen Kunden einsetzen, die wirklich an der Vergabe eines Auftrages interessiert sind.

Ein künftiger Kunde, der wirklich ein alternatives Angebot zu seinem jetzigen Lieferanten will, hat eine Reihe von Vorstellungen, die Sie kennen müssen, um überhaupt in der Lage zu sein, ein „richtiges" Angebot zu erstellen.

2.5 Ja, ich will!

Ihre Zeit ist genauso wertvoll wie die Ihres Kunden. Wenn Sie also relativ am Anfang eines neuen Kundenkontaktes die Aufforderung erhalten, mal ein Angebot zu erstellen, dann sollte Ihre Antwort wie folgt lauten

> **Beispiel: Lohnendes Angebot oder Zeitverschwendung?**
>
> **Ihr Kunde:** *„Senden Sie uns doch mal ein Angebot, dann sehen wir weiter."*
> **Sie, der Verkäufer:** *„Ja, gerne. Damit wir mit diesem Angebot weder Ihre noch unsere Zeit sinnlos vertun, habe ich eine Reihe von Fragen an Sie, deren Antworten wir für die Erstellung des Angebotes brauchen. Sobald ich diese Antworten habe, erstelle ich Ihnen das gewünschte Angebot."*
> (Ihr Kunde stimmt diesem Vorschlag zu:)
> **Ihr Kunde:** *„Okay, was müssen Sie wissen ..."*
> (Wenn Sie einen wirklich langen Fragenkatalog haben, und so sollte es sein, dann ist es sinnvoll, hier und da auch den Sinn der einen oder anderen Frage zu erklären. Näheres erfahren Sie dazu in Kap. 10.)
> (Oder: Ihr Kunde stimmt dem Vorschlag nicht zu:)
> **Ihr Kunde:** *„Jetzt schicken Sie uns doch erstmal Ihr Angebot. Wir werden dann sehen, ob es passt. Sie hören ja von uns ..."*
> **Sie, der Verkäufer:** *„Wir erstellen gerne ein Angebot für Sie. Doch wenn Sie nicht bereit sind, wichtige Fragen dazu zu beantworten, dann wird unser Angebot auch zu keinem Abschluss führen. Das wäre dann Zeitverschwendung. Ich kann mir gut vorstellen, dass sich diese Situation später einmal ändert. Gerne komme ich dann wieder zu Ihnen. Bitte sagen Sie mir einfach Bescheid, wenn es soweit ist."*
> (Sie, als Verkäufer, sollten dann gehen. Damit es kein Missverständnis gibt: Nicht beleidigt abrauschen – sondern logischerweise gehen. Den Besuch ruhig und sachlich abbrechen. Keine verbrannte Erde hinterlassen. Gehen Sie so, dass Sie immer wiederkommen können.)

Zeigen Sie dem potenziellen Kunden gegenüber Verständnis. Nicht jeder Zeitpunkt ist ein guter Zeitpunkt, sich um einen neuen Lieferanten zu kümmern. Wenn dieser Zeitpunkt da ist, sind Sie auch bereit wiederzukommen.

Doch zeigen Sie auch Standing. Ihre Zeit ist so kostbar wie die Zeit Ihres Kunden. Während Ihr potenzieller Kunde Sie „beschäftigt" ohne den Willen, etwas zu kaufen, geht ein Kunde, der wirklich kaufen will, verloren. Kümmern Sie sich stattdessen zuerst um die Kunden, die jetzt bereit sind, Ihr Produkt zu Ihrem Preis zu kaufen.

Sicherlich kommt es vor, dass Ihnen folgende Gedanken im Kopf herumgehen:

- Jetzt bin ich doch schon mal da, da sollte ich das Beste aus der Situation machen.
- Ein Angebot ist ja schnell erstellt, dann habe ich wenigstens den Fuß in der Tür.
- Einen Versuch ist es wert, mal sehen – ich mache einfach etwas am Preis und werde dann unschlagbar. Der wird Augen machen.

Nehmen wir an, Ihr Kunde versucht tatsächlich, Sie mit dem Erstellen eines Angebotes wegzudelegieren. Dabei gehen Ihnen die oben beschriebenen Gedanken im Kopf herum. Aber stellen Sie sich einfach mal vor, Sie hätten ein kleines Kästchen mit verschiedenen Knöpfen. Auf dem einen Knopf steht: „Zukunft in zwei Wochen". Sie drücken den Knopf. Plötzlich rastet die Welt um Sie herum ein. Die Zeit steht still. Dann beginnt sie sich um Sie herum zu drehen, immer schneller. Sie sehen nur noch verwischte Streifen um sich herumwirbeln ... dann wird es wieder langsamer, Sie sehen wieder scharf: Sie sehen ...

... sich selber, wie Sie am Schreibtisch sitzen und zum fünften Mal versuchen, diesen Kunden ans Telefon zu bekommen. Doch immer wieder heißt es, er sei zurzeit außer Haus. In einem kleinen Bild, links oben, sehen Sie auf einem Monitor, wie Ihr Kunde dasitzt und abwinkt, weil Ihr Angebot schon längst in Ablage „P" liegt, nur sagt es Ihnen keiner. Irgendwann werden die Abstände Ihrer Versuche länger und dann rutscht Ihr Kunde aus der Wiedervorlage und so weiter.

Plötzlich ein Knall! Sie sind wieder im Hier und Jetzt. Sie wissen genau, diese Situation kennen Sie. Ihr Kästchen hat es Ihnen gezeigt. Ihr künftiger Kunde ist drauf und dran, Sie in eine Sackgasse zu führen, in der Sie Ihre Zeit und Ihr Geld verschwenden. Steigen Sie aus! Hier und jetzt. Ein Kunde, der nicht bereit ist, mit Ihnen hier und jetzt die Bedingungen für ein Angebot zu besprechen, ein Kunde, der nicht bereit ist, auf Ihre Fragen zu antworten, ist nicht wirklich Ihr Kunde!

Schön, wenn Sie ihn jetzt loslassen. Sie sparen sich neben Zeit und Geld auch die ganze emotionale Belastung, die solch eine Situation immer wieder fordert.

Denn wenn Sie zum vierten Mal hören: „Er ist nicht im Haus, er ruft Sie bestimmt zurück" oder „Wir konnten noch keine Entscheidung treffen, erst war der Steuerprüfer da, dann war Urlaubszeit, dann ist der Server abgestürzt und jetzt brennen die Produktionshallen ...", dann wäre ein Blicks durchs Telefon manchmal sehr hilfreich. Spätestens jetzt wären Sie sehr dankbar gewesen für die Aussage: „Wir wollten Ihr Angebot doch sowieso nie." Konsensitives Verkaufen ist Verkaufen auf Augenhöhe. Und das geht eben schon los, wenn Sie das erste Angebot erstellen sollen oder wollen.

2.6 Kunde ist ...

Ihr Kunde ist, wer braucht, will und bezahlen kann, was Sie verkaufen. Dabei begegnen Sie Ihrem Kunden auf Augenhöhe, wenn Sie nach den Grundsätzen des Konsensitiven Verkaufens handeln. Doch besonders wenn es um den Preis geht, fühlen sich manche Verkäufer verpflichtet, für ihren Kunden zu denken, und entscheiden für sich, dass ihr Kunde nicht bereit sein wird, einen Preis, der vom Unternehmen des Verkäufers festgelegt wurde, zu bezahlen.

Geld hat einen Nennwert und einen emotionalen Wert. Zum Beispiel: Sie stehen im Parkhaus und haben fünf 200-Euro-Scheine im Geldbeutel. Damit Sie aus dem Parkhaus fahren können, brauchen Sie genau zwei Ein-Euro-Münzen. Vom Nennwert her kein Problem, Sie haben fünfhundertmal mehr, als Sie brauchen. Trotzdem kommen Sie aus dem Parkhaus nicht heraus. Jetzt bekommt Ihr Geld einen emotionalen Wert.

Gerade Zusatzkosten wie Verpackung, Lieferung oder Sonderlieferungen, zum Beispiel Lieferung per Express, haben oft einen viel höheren Wert als der nominale Betrag.

Vor einigen Jahren war ich als Aussteller auf einer Messe in Mannheim. Nun hatten wir in der Vorbereitung zur Messe einige Marketingaktionen auf dem Messestand geplant, und wie es im Messealltag manchmal so ist, hatte ich ein wichtiges Utensil für eine Aktion vergessen. Doch ohne dieses spezielle Detail (Karten in Visitenkartengröße) hätte die ganze Aktion keinen Sinn gemacht. Also mussten diese Karten über Nacht von München nach Mannheim. Da es bereits nach 19.00 Uhr war, konnte kein Paketdienst die Lieferung pünktlich bis 8.00 Uhr am nächsten Tag garantieren. Es musste also ein Kurierfahrer eingesetzt werden. Der Preis für diese Fahrt betrug 267 €, das entspricht ungefähr dem fünffachen Wert der Karten. Doch ohne die Karten war die ganze Marketingaktion wertlos, daher war es mir die Sache wert, diesen Betrag auszugeben.

Beispiel: Raus aus dem Kopf des Kunden!

Kunde: *„Ich brauche die Sendung bis spätestens morgen früh um 9.00 Uhr."*
Verkäufer: *„Das kostet aber extra und ist sehr teuer."*
(Das ist keine Augenhöhe. Hier übernimmt der Verkäufer ungefragt die Vormundschaft über seinen Kunden.)

Hier sind bessere Antwortbeispiele:
Möglichkeit 1: *„Ihre Sendung trifft morgen um 9.00 Uhr zuverlässig bei Ihnen ein, per Express, mit einem Expressversandpreis von 83 €."*

Möglichkeit 2: *„Wenn Ihre Sendung um 9.00 Uhr bei Ihnen eintreffen soll, versenden wir sie per Express für 83 €. Wenn sie im Laufe des Tages eintreffen kann, versenden wir sie als Standardsendung für 14 €. Wie möchten Sie es gerne?"*

Das ist eine goldene Regel: Entscheiden Sie nie über den Kopf Ihres Kunden hinweg, was er bezahlen kann. Ihr Kunde weiß genau, was ihm etwas wert ist.

Stattdessen: Finden Sie heraus, was Ihr Kunde braucht und will und wie viel ihm das wert ist. Wenn das Ergebnis dieser Analyse mit Ihrem Angebot übereinstimmt, haben Sie grundsätzlich einen Kunden vor sich.

Als nächstes brauchen Sie sein Commitment, dass er auch grundsätzlich bereit ist, bei Ihnen zu kaufen. Wie das geht, erfahren Sie in Kap. 3.

Erfolgsrezept

Sie sind erfolgreich mit diesen fünf Schritten:
1. Erstellen Sie eine Matrix mit Ihren gewünschten Umsatzzahlen. Finden Sie heraus, wie sich diese Umsatzzahlen ergeben, Tagessatz, Stundensatz oder Stückzahlen. Notieren Sie, wie sich Ihre Preise durch die Quantität des Auftrages verändern und finden Sie heraus, wie viele und welche Kunden Sie dadurch brauchen, um Ihr Umsatzziel zu erreichen.
2. Erstellen Sie eine Matrix über Ihre heutigen Kunden, auch mit statistischen Merkmalen. Was kennzeichnet Ihre Kunden anhand von Zahlen, Daten, Fakten?
3. Finden Sie heraus, mit welchen Problemen Ihre Kunden kämpfen und worin Sie Spezialist sind. Werden Sie dabei immer genauer, also von breiten Kenntnissen zu einem Thema hin zu absoluten Spezialkenntnissen. Was brauchen Ihre Kunden, was nur Sie anbieten?
4. Definieren Sie Ihren „idealen" Kunden – sowohl nach der KV-Matrix, nach der Problem-/Lösungsmatrix und nach der ZDF-Matrix. Auf diese Art ermitteln Sie den „idealen" Kunden und wahrscheinlich zwei- bis drei beinahe „ideale" Kunden. Konzentrieren Sie sich bei der aktiven Kundenansprache auf diese Kunden.
5. Erstellen Sie ein Angebot nur dann, wenn Ihr Kunde auch bereit ist, dafür Fragen zu beantworten und Informationen aus der Hand zu geben.

Literatur

Lotter, W. 2006. Nasenbären an der Front. *Brand Eins* 4:56–67.
Rankel, R. 2010. *Sales Secrets: Warum jeder ein Verkäufer ist und dieses Wissen braucht: Mit Interviews prominenter Persönlichkeiten.* Wiesbaden: Gabler.

Vereinbaren vor überzeugen 3

▶ Eine Terminzusage ist der erste Schritt für einen erfolgreichen Verkauf, aber ohne ein Kaufversprechen oft wertlos. Nur: Wie schaffen Sie es, dass Ihr Kunde ein Kaufversprechen gibt, bevor Sie das erste Mal bei ihm waren?

Sicher kennen Sie das bekannte Pareto-Prinzip mit seiner 80-zu-20-Regel. Konzentrieren Sie sich auf die 20 % Ihrer Kundenadressen, die Ihnen 80 % Ihres geplanten Umsatzes und Gewinns bringen.

Klassisches Verkaufen geht davon aus, dass wir in unserem Marktsegment bei unserer Kundengruppe viele potenzielle Kunden haben. Diese Kunden müssen wir ansprechen und überzeugen. Wenn wir das „gut" oder „super gut" machen, sind wir erfolgreiche Verkäufer. „Gut" machen heißt, acht von zehn Terminen werden zum Auftrag, „super gut" bedeutet, zehn von zehn Terminen werden zum Auftrag. Wenn wir ein Abschlussergebnis von unter acht Abschlüssen bei zehn Besuchsterminen erreichen, läuft etwas grundsätzlich falsch.

Klassisches Verkaufen basiert auch darauf, dass Fleiß und konsequentes Dranbleiben ausschlaggebende Kriterien sind, um den Erfolg bei einem Vertriebsmitarbeiter zu definieren. Das bedeutet aber, dass es nur an mir, dem Verkäufer, liegt, ob ein Abschluss erfolgt oder nicht.

Und an dieser Voraussetzung stimmt etwas nicht. Das ist kein Verkaufen auf Augenhöhe. Das ist purer Egoismus: „Ich bin ein Starverkäufer – holt mich hier raus!"

Das funktioniert, klar, jahrzehntelang bewiesen. Doch es kostet unnötigerweise enorm viel Kraft. Denn bei dieser Strategie der „maximalen Verkaufsleistung" setzen wir unsere volle Energie auch bei Terminen ein, bei denen unser Gesprächspartner schon vor dem Stattfinden des Termins weiß, dass er nicht kaufen wird. Entweder weil er nur noch ein oder zwei Vergleichsangebote braucht, um sein bereits favorisiertes Angebot im Unternehmen besser verkaufen zu können, oder weil er das Wissen des Verkäufers für ein internes Problem oder eine Marktanalyse braucht.

Eine große Rolle spielen auch Machtspielchen. Im Kopf hat unser Gesprächspartner bereits bei uns gekauft, aber mal sehen, da geht bestimmt noch was. – Wer ist besser im Durchsetzen von Rabatten, im Durchsetzen von kleinen, aber feinen Details des Lieferablaufes oder schlicht nur im Wortgefecht?

Wir alle wissen, dass es diese „Hidden Agendas" gibt. Beim klassischen Verkaufen ignorieren wir sie. Warum eigentlich? Sie, als Verkäufer, sind nicht dazu da, Rededuelle zu gewinnen. Sie sind nicht dazu da, Ihrem Kunden kostenlos Informationen zu beschaffen. Sie sind nicht dazu da, ihm als Marionette für interne Entscheidungsprozesse zu dienen. Ohne Gegenleistung sollten Sie keine Leistungen erbringen. Denn sonst bewegen Sie sich nicht mehr auf dem Feld der Wirtschaft, sondern auf dem Feld der Ausbeutung und der Machtspielchen. Und zwar auf Ihre Kosten. Gewinnen Sie Machtspielchen, indem Sie nicht mitspielen!

▶ **Das Pareto-Prinzip** Die 80-zu-20-Regel besagt, dass 80 % der Ergebnisse mit 20 % des Arbeitseinsatzes erreicht werden. Die verbleibenden 20 % verursachen die meiste Arbeit. (Vilfredo Pareto)

Beim Konsensitiven Verkaufen qualifizieren Sie Ihren Kunden genauso wie beim klassischen Verkaufen, wie in Kap. 2 beschrieben. Doch danach klären Sie außerdem, ob er mit Ihnen in ein Boot steigen möchte, damit Sie gemeinsam den Fluss seiner Bedürfnisse entlangfahren können. Dabei wird er aber nicht von Ihnen chauffiert, sondern er legt auch selbst Hand ans Ruder und gemeinsam erreichen Sie ein Ziel.

3.1 Kommen Sie doch mal vorbei!

Bei meinen Coaching-Kunden erlebe ich immer wieder folgende Situation: In einem Telefongespräch signalisiert der potenzielle Kunde: *„Das klingt gut, kommen Sie doch mal vorbei. Nächste Woche hätte ich Zeit."* Im klassischen Verkauf würde jetzt Ihr Herz einen Freudensprung machen und Sie beide fänden schnell einen gemeinsamen Termin.

Üblicherweise werden Sie beim Termin Ihr Produkt vorstellen oder Ihre Dienstleistung präsentieren. Sie werden alle Vorteile aufzählen und Ihren Kunden mit Argumenten überschütten. Ihr Kunde wird Einwände machen, diese werden Sie gekonnt behandeln. Gelernt ist gelernt. Ihr Kunde wird Problemfragen haben, die

Sie mit Ihrem Wissen bereitwillig beantworten. Und bei alledem werden Sie nicht die geringste Zusage für einen Kauf erhalten. Im schlimmsten Fall haben Sie brilliert, überzeugt und hart erarbeitetes Wissen preisgegeben. Dies ist besonders bei dem Verkauf von Dienstleistungen oft der Fall, da dies eine „kleine Probe" unseres Könnens darstellt. Nach all diesem Brillieren und Präsentieren kommt dann ein „Nein".

Wobei: Das wäre ja noch eine gute Antwort. Sie stellt zumindest einen Abschluss dar und Sie könnten loslassen. Sehr viel schlimmer sind Antworten wie: *„Das muss ich mit meinem Controller klären!"*; *„Dazu brauche ich die oder den Abteilungsleiter/in."*; *„Sie verstehen sicherlich, dass wir uns da noch ein Vergleichsangebot einholen müssen?"* oder vieles mehr. Bei der letzten Antwort geraten wir oft ins Schwitzen und winken sofort mit Rabatten, von denen wir hoffen, dass sie unschlagbar sind. Oder wir haben gelernt, den Einwand: „Das muss ich mit meinem Vorgesetzten, Herrn Braun, besprechen" mit folgenden Fragen zu behandeln:

- „Wie kann ich Sie dabei unterstützen?"
- „Welche Fragen müssen denn detailliert geklärt werden?"
- „Welche Einwände könnte Herr Braun haben?"
- „Können wir Herrn Braun denn gleich zu uns holen, um gemeinsam mit ihm diese Punkte durchzugehen?"

Doch zu diesem Zeitpunkt ist das Kind bereits in den Brunnen gefallen. Herr Braun hat Urlaub und ist heute nicht greifbar. Für die Unterstützung dürfen Sie gerne Ihre Unterlagen dalassen oder ein detailliertes Angebot erstellen oder noch besser: *„Mit dem Preis noch etwas entgegenkommen."*

3.2 Viele mögliche Gesprächspartner

Brian Tracy und F. M Scheelen (2010) hat einmal gesagt: „Es gibt in einem Unternehmen viele, die „nein" sagen können, aber meistens nur einen, der „ja" sagen kann." Und genau, da liegt das Problem. Als Verkäufer spricht man mit mehreren Ansprechpartnern in einem Unternehmen; nacheinander oder parallel oder auch gar nicht. Das ist ganz unterschiedlich. Die Erfahrung zeigt, dass man es meistens mit vier speziellen Gesprächspartnern zu tun hat. Stephan Heinrich (2013) bezeichnet sie in seinem Buch „Verkaufen an Top-Entscheider" als „Der Empfehler", „Der Beeinflusser", „Der Entscheider" und „Der Abzeichner".

Gerade „Der Empfehler" ist einerseits der angenehmste und andererseits der schwierigste Gesprächspartner. Und gerade mit ihm haben wir es oft zu tun. Er ist derjenige, der die Anbieter anspricht, mit den Verkäufern die Termine vereinbart, sich genau auskennt, was den Bedarf betrifft und sich die Zeit nimmt, mit den jeweiligen Vertriebsmitarbeitern der Anbieter ausführlich zu sprechen. Er erzählt auch viele Details aus dem Unternehmen, er will ernsthaft die Dienstleistung oder das benötigte Produkt einsetzen und strengt sich deshalb sehr an, auch wirklich den richtigen Anbieter auszuwählen. Das wiederum gibt dem Verkäufer das Gefühl, beim richtigen, das heißt entscheidenden Gesprächspartner zu sein. Der Empfehler weiß zwar genau, was in seiner Abteilung benötigt werden würde, aber er weiß nicht immer, was die Geschäftsführung denkt oder plant. Und das ist das Problem, denn sicher kann der Empfehler „nein" sagen, aber eben nicht „ja". Das macht dann der Entscheider.

Der Entscheider dagegen kann „ja" sagen, will sich aber nicht immer mit den Details der einzelnen Anbieter befassen und delegiert diese Aufgabe an den Empfehler. Das heißt aber nicht, dass er keine Ahnung hat, was das Unternehmen bzw. die jeweilige Abteilung braucht. Entweder ist er richtig involviert oder er hat einen gut ausgebildeten Instinkt, was für die Abteilung *und* für das Unternehmen gut wäre. Und genau diese Entscheidung trifft er oft schnell und unter Umständen auch risikofreudig, das heißt er ist auch bereit, etwas auszuprobieren, das bisher im Unternehmen unbekannt war. Sein Vorteil, schnelle Entscheidungen treffen zu können, hat oft den Nachteil, dass er dabei vergisst, es der jeweils betroffenen Abteilung mitzuteilen, so dass der Empfehler durchaus noch mit Ihnen verhandelt, obwohl bereits eine Entscheidung gefallen ist.

3.3 Gemeinsames Commitment

Um nicht sofort mit Rabatten winken zu müssen, gehen Sie beim Konsensitiven Verkaufen vollkommen anders vor. Das Signal Ihres Kunden, dass ein Termin willkommen ist, ist der erste Schritt zu einer langen Reise des gegenseitigen Commitments. Ihre Vorgehensweise sähe so aus:

Beispiel: Wirklich einverstanden?

Ihr Kunde: *„Das klingt gut, ja, es interessiert mich. Nächste Woche habe ich Zeit dafür. Zum Beispiel am Mittwoch, 9.00 Uhr."*
Sie, der Verkäufer: *„Wenn ich Sie richtig verstanden habe, möchten Sie gerne nächste Woche, am Mittwoch, um 9.00 Uhr mein Angebot näher kennenlernen?"*

3.3 Gemeinsames Commitment

Ihr Kunde: *"Ja, das will ich."*
Sie, der Verkäufer: *"Ich trage mir den Termin sofort ein. Angenommen, mein Angebot ist genau die richtige Lösung für Sie und Sie sagen mir das auch im Laufe unseres Gespräches, was werden Sie dann tun?"*

"Was werden Sie dann tun?" ist in unserem positiven Beispiel die wichtigste Frage. Jetzt ist Ihr Kunde dran, sein Commitment abzugeben. Wenn er jetzt nicht sagt: *"Dann werde ich kaufen"*, ist es wichtig, dass Sie mit ihm die Voraussetzungen für ein solches Commitment schaffen. Und zwar, *bevor* Sie den Termin wahrnehmen.

Angenommen, Ihr Kunde antwortet Ihnen, dass er dann erst einmal jemanden im Unternehmen fragen bzw. sich mit diesem besprechen muss. Das kann sein Chef sein oder der Controller oder der technische Leiter einer bestimmten Abteilung oder sogar der Lebenspartner.

Im Konsensitiven Verkaufen reagieren Sie dann wie im folgenden Beispielgespräch gezeigt:

Beispiel: Wer ist der Entscheider?

Ihr Kunde: *"Dann muss ich erst mit unserem Controller sprechen."*
Sie, der Verkäufer: *"Sie haben Recht, es ist wichtig, dass alle Entscheider mit eingebunden werden. Wie heißt Ihr Controller?"*
Ihr Kunde: *"Achim Bach."*
Sie, der Verkäufer: *"Ist Herr Bach am Mittwoch, um 9.00 Uhr im Hause?"*
Ihr Kunde: *"Ja, er ist da."*
Sie, der Verkäufer: *"Klären Sie bitte mit Herrn Bach, ob er um 9.00 Uhr auch Zeit für unser Gespräch hat. Ich gedulde mich gerne einen Moment in der Leitung."*
Ihr Kunde: *"Ja, mache ich."* ... kommt zurück, *"Ja, ihm passt der Termin auch."*
Sie, der Verkäufer: *"Wunderbar, dann treffen wir uns, also Sie, Herr Bach und ich, am Mittwoch um 09.00 Uhr. Angenommen, meine Lösung ist genau die richtige Lösung für Sie und Ihren Controller, Herrn Bach, was werden Sie dann tun?"*
Ihr Kunde: *"Wenn Herr Bach derselben Meinung ist wie ich, dann werden wir bei Ihnen kaufen."*
Sie, der Verkäufer: *"Ich habe Sie richtig verstanden, wenn ich Ihnen bei unserem Termin zeigen kann, dass unser Angebot für Sie die richtige Lösung ist, dann werden Sie bei mir kaufen?"*
Ihr Kunde: *"Ja, das werde ich."*

Binden Sie den Entscheidungspartner, in unserem Beispiel ist es der Controller, auf alle Fälle in Ihren Termin ein. Egal, wie offen und ausführlich das Verkaufsgespräch mit Ihrem Ansprechpartner abläuft, Ihr Kunde kann Ihr Produkt nicht wirklich an seinen Kollegen bzw. Mitentscheider verkaufen. Ihr Kunde ist kein Verkäufer. Er wird immer Ihre Dienstleistung oder Ihr Produkt mit seinen eigenen Augen sehen und weitergeben, was er mit seinen eigenen Ohren verstanden hat. Das ist nicht zwangsläufig das, was Sie gesagt bzw. erklärt haben. Der Grund dafür ist nicht, dass Ihr Kunde zu dumm wäre, wiederzugeben, was er gehört oder gesehen hat. Der Grund liegt in der selektiven, interessengesteuerten Wahrnehmung, die wir Menschen haben.

Wir sehen und hören, was wir sehen und hören *wollen*. Wir richten unsere Aufmerksamkeit auf Dinge und Eigenschaften, die uns wichtig erscheinen. Das kann der Controller oder der Chef und damit der Verantwortungsträger ganz anders sehen.

Dadurch sind die Fragen des Controllers oder des Mitentscheiders ganz andere als die unseres Gesprächspartners. Jeder der Beteiligten kann nur aus seiner Sicht der Dinge fragen oder antworten. Auf das, was zwischen Ihrem Ansprechpartner und einem weiteren Entscheider unter vier Augen passiert, haben Sie keinen Einfluss. Deshalb ist es so wichtig, den Mitentscheider mit ins Gesprächsboot zu holen.

Doch wie gehen Sie im angeführten Beispiel vor, wenn der Controller nicht im Hause ist? Beim Konsensitiven Verkaufen reagieren Sie so:

Beispiel: Der Controller ist nicht im Hause

Ihr Kunde: *„Er hat diese und nächste Woche Urlaub."*

Sie, der Verkäufer: *„Herr Braun, dann lassen Sie uns doch einen Termin vereinbaren, wenn Herr Bach da ist. Sie haben mir signalisiert, dass Herr Bach bei der Entscheidung, ob Sie unser Angebot annehmen, eine wichtige Rolle spielt. Wann passt Ihnen eine Woche darauf ein Termin?"*

Ihr Kunde: *„Am Donnerstag, um 13.00 Uhr."*

Sie, der Verkäufer: *„Wunderbar, dann treffen wir uns, also Sie, Herr Bach und ich, am Donnerstag, um 13.00 Uhr. Angenommen, meine Lösung ist genau die richtige Lösung für Sie und Herrn Bach, was werden Sie dann tun?"*

Ihr Kunde: *„Wenn mein Controller derselben Meinung ist wie ich, dann werden wir bei Ihnen kaufen."*

Sie, der Verkäufer: *„Ich habe Sie richtig verstanden, wenn ich Ihnen bei unserem Termin zeigen kann, dass unser Angebot für Sie die richtige Lösung ist, dann werden Sie bei mir kaufen?"*

Ihr Kunde: *„Ja, das werde ich."*

3.3 Gemeinsames Commitment

Zeigen Sie mit dieser Vorgehensweise, dass Sie respektieren, wie Ihr Kunde zu einer Entscheidungsfindung kommt. Zeigen Sie ihm, dass es Ihnen wichtig ist, dass alle Entscheider die Details erfahren, warum Ihr Produkt die Lösung für ihr Unternehmen ist. Weisen Sie ihn darauf hin, dass jeder Entscheider in seinem Haus andere Gründe und Nutzen braucht, um sich für Ihr Produkt oder Ihre Dienstleistung zu entscheiden. Und dass Sie deshalb den Kontakt zu allen Entscheidern als Grundlage für eine erfolgreiche Geschäftsbeziehung sehen.

Na, klar, es läuft nicht immer so rund. Es kommt vor, dass Ihr Kunde erst einmal selber klären will, ob ihm das Angebot passt, bevor er den Controller hinzuzieht.

Im Konsensitiven Verkaufen sieht diese dritte Variante folgendermaßen aus:

Beispiel: „Ich will das erst mal selber klären!"

Ihr Kunde: *„Der Controller hat diese und nächste Woche Urlaub."*

Sie, der Verkäufer: *„Herr Braun, dann lassen Sie uns doch einen Termin vereinbaren, wenn Herr Bach da ist. Sie haben mir signalisiert, dass Herr Bach bei der Entscheidung, ob Sie unser Angebot annehmen, eine wichtige Rolle spielt. Wann passt Ihnen eine Woche darauf ein Termin mit mir?"*

Ihr Kunde: *„Ich will zuerst Ihr Angebot kennenlernen und dann schauen wir weiter. Herrn Bach kann ich dann später immer noch ansprechen, wenn ich Ihr Angebot gut finde."*

Sie, der Verkäufer: *„Herr Braun, ich komme gerne zu Ihnen, um Ihnen unsere Lösung zu präsentieren. Dabei werde ich Ihre Wünsche und Vorstellungen berücksichtigen. Ich werde Ihnen eine Lösung bieten, die genau Ihren Vorstellungen entspricht und einen echten Mehrwert für Sie darstellt. Im Gegenzug dazu wünsche ich mir das faire Gespräch mit allen Entscheidern, damit wir gemeinsam entscheiden, wie Sie unsere Lösung einsetzen. Ich mache Ihnen folgenden Vorschlag: Ich komme eine Woche später, wenn Ihr Controller grundsätzlich im Hause ist. Ich präsentiere Ihnen unsere Lösung, und wenn Sie sagen, das ist genau das, was Sie brauchen, holen wir Ihren Controller, Herrn Bach, dazu. Gemeinsam zeigen wir ihm dann das Programm und beantworten seine Fragen. Sind Sie mit dieser Vorgehensweise einverstanden?"*

Ihr Kunde: *„O. K. gut, das kann ich mir vorstellen. Donnerstag, in zwei Wochen, um 13.00 Uhr ist dann ein guter Termin."*

Sie, der Verkäufer: *„Wunderbar, dann treffen wir uns, also Sie, Herr Bach und ich, am Donnerstag, in zwei Wochen, um 13.00 Uhr. Angenommen, meine Lösung ist genau die richtige Lösung für Sie und Herrn Bach, was werden Sie dann tun?"*

Ihr Kunde: *"Wenn mein Controller derselben Meinung ist wie ich, dann werden wir bei Ihnen kaufen."*
Sie, der Verkäufer: *"Ich habe Sie richtig verstanden, wenn ich Ihnen bei unserem Termin zeigen kann, dass unser Angebot für Sie die richtige Lösung ist, dann werden Sie bei mir kaufen?"*
Ihr Kunde: *"Ja, das werden wir."*

Wenn sich Ihr Kunde zuerst selber ein Bild von Ihrem Angebot machen möchte, ist das vollkommen in Ordnung. Dafür kann es eine Reihe von wichtigen Gründen geben. Ein Grund kann sein, dass er die Aufgabe erhalten hat, Angebote für ein bestimmtes Produkt oder eine bestimmte Dienstleistung einzuholen. Dabei soll er im Vorfeld auf bestimmte Highlights beziehungsweise auf bestimmte Kriterien achten. Würde er seinen Chef bzw. seinen Mitentscheider einladen, bevor geklärt ist, dass diese Kriterien enthalten bzw. nicht enthalten sind, würde er sich schwer blamieren. Es ist also nachvollziehbar, dass die Präsentation Ihres Angebotes einer bestimmten Reihenfolge unterliegt.

Gleichzeitig ist es wichtig, dass Sie, als erfolgreicher Verkäufer, Ihre Zeit nicht verschwenden. Seien Sie kreativ, wie Sie die Reihenfolge für Sie sinnvoll gestalten können. Gehen Sie dabei mit Fingerspitzengefühl und Einfühlungsvermögen vor. Zum Beispiel, indem Sie Verständnis zeigen. Verständnis zeigen Sie dadurch, dass Sie seine vorausschauende und umsichtige Vorgehensweise loben.

Wichtig: Bitte keine plumpen Lobesworte! Sondern echte Anerkennung. Die Psychologin Gerti Senger (2010) sagt dazu treffend: *"Ein Kompliment ist wie Benzin für einen Motor"*. Beispiele dafür sind:

- "Ich schätze Ihre Offenheit und kann gut verstehen, dass Sie für ein Gespräch mit Ihrem Vorgesetzten oder Mitentscheider gut vorbereitet sein wollen."
- "Sie haben Recht, wenn Sie die knappe Zeit Ihres Vorgesetzten oder Mitentscheiders nicht unnötig verplanen möchten. Ihre Umsicht ist nachvollziehbar und sinnvoll."

Anschließend schlagen Sie als Kompromiss die Vorgehensweise aus der obengenannten dritten Variante vor. Erst mit ihm zu sprechen und dann, nachdem Sie ihm bewiesen haben, dass Ihr Angebot wirklich überzeugend ist, den Vorgesetzten oder Mitentscheider zum Termin dazu zu bitten. Weisen Sie dabei ruhig darauf hin, dass Sie diesen Termin deshalb vorschlagen, weil Sie wissen, dass Ihr Angebot die beste Lösung für sein Unternehmen ist. Und Sie daher mit seiner Zeit, mit der Zeit seines Mitentscheiders und Ihrer Zeit sehr sorgsam umgehen.

3.4 Eine Frage des „Standings"

Natürlich kann es passieren, dass Ihr Kunde den Vorgesetzten oder Mitentscheider partout nicht mit einbeziehen möchte. Sie sollen zuerst einmal kommen und dann sehen wir weiter und dergleichen. Jetzt reagieren Sie im Konsensitiven Verkaufen so:

> **Beispiel: Kunde will den Mitentscheider nicht mit einbeziehen**
>
> **Sie, der Verkäufer:** *„ ... präsentiere Ihnen unsere Lösung und wenn Sie sagen, das ist genau das, was Sie brauchen, holen wir Ihren Controller, Herrn Bach, dazu. Gemeinsam zeigen wir ihm dann das Programm und beantworten seine Fragen. Sind Sie mit dieser Vorgehensweise einverstanden?"*
>
> **Ihr Kunde:** *„Nein, das möchte ich nicht. Ich will jetzt erst einmal sehen, was Sie haben, dann sehen wir weiter..."*
>
> **Sie, der Verkäufer:** *„Herr Braun, ich kann gut verstehen, dass Sie vorsichtig sind und sich erst einmal ein Bild von uns machen möchten. Angenommen, dieses Bild entspricht genau Ihren Vorstellungen und wird auf Ihre Wünsche und Umstände in der Firma angepasst, dann würde das bedeuten, dass ich mich bereits sehr stark mit Ihrem Unternehmen und Ihren Vorstellungen auseinandergesetzt habe. Es würde bedeuten, dass ich mit Zeit und Kreativität in Vorleistung gegangen bin. Wäre es dann aus Ihrer Sicht nicht eine Frage des Fair Plays, dass ich mit allen Entscheidern in Ihrem Hause sprechen kann, damit diese die Lösung von mir und Ihnen erfahren können?"*
>
> **Ihr Kunde:** *„Ja, aber ich will erst mit Ihnen sprechen und dann schau ma mal, wie der Beckenbauer immer sagt."*
>
> **Sie, der Verkäufer:** *„Herr Braun, ich merke schon, im Moment wollen sie keine Entscheidung treffen. Das ist vollkommen in Ordnung. Sagen Sie mir einfach, wann es Ihnen passt, unser Angebot kennenzulernen und anschließend die beteiligten Entscheider mit ins Boot zu holen. Gerne sende ich Ihnen zwischenzeitlich unseren Newsletter zu, der viele praktische Tipps für Ihren Alltag enthält, und lade Sie zu unserem nächsten Tag der offenen Tür ein. Hier können Sie erleben, welche Lösungen wir anbieten. Ist es Ihnen so lieber?"*
>
> **Ihr Kunde:** *„Darüber muss ich jetzt nachdenken. Ich rufe Sie zurück."*
>
> **Sie, der Verkäufer:** *„Gerne, Sie erreichen mein Büro jederzeit. Wir sind gerne für Sie da."*

Wenn Sie jetzt das Gefühl haben, dass man das doch mit dem Kunden nicht machen kann, dann kann ich Sie gut verstehen. Das klingt für die meisten Verkäufer absolut ungewohnt. Doch schauen Sie sich folgende Geschichte an: Einer meiner Kunden verkauft Unternehmensberatung mit dem Thema: „Einsparungen im Unternehmen, ohne Mitarbeiter zu reduzieren". Um diese Einsparungen im Unternehmen zu erreichen, muss der Entscheider unter Umständen große Veränderungen in seiner Firma vornehmen. Der Entscheider ist jemand, der seine Sache seit Jahren gut macht. Aufgrund der Tatsache, dass er tief im Tagesgeschehen steckt, hat er aber den Wald vor lauter Bäumen für die eine oder andere Einsparmöglichkeit nicht mehr gesehen. Das heißt, mein Kunde muss ihn dazu bringen, ihm zu vertrauen und gewohnte Wege zu verlassen. Das wird sehr schwierig, wenn sein potenzieller Kunde ihn nicht achtet, weil mein Kunde sofort bei der ersten Schwierigkeit katzbuckelt und nachgibt. Er sollte ein Standing haben – und Sie auch. Wie bekommen Sie dieses Standing?

Hier eine weitere Beispiel-Geschichte dazu:

Beispiel

Eine Gruppe von Verkaufstrainern sitzt mit einer Gruppe von Verkäufern zusammen. Eine der Teilnehmerinnen erzählt, dass sie Coachings an Behörden, staatliche Einrichtungen und politische Gruppierungen verkauft. Hier werden jedoch die üblichen Trainerhonorare nicht erreicht, weil diese Art von Kundenklientel diese Beträge nicht bezahlt. Die anwesenden Trainer geben ihr Tipps und verraten ihr Tricks, wie man Honorare verhandelt. Nach jedem Tipp kommt die Antwort: *„Das funktioniert bei mir nicht, weil ..."* Fünf, sechs Tipps und immer wieder ein anderer Grund, warum es bei ihrer Klientel nicht funktioniert. Hochgerechnet war die Teilnehmerin in der Lage, innerhalb von zehn Minuten, dreißig unterschiedliche Gründe für ihre Kunden zu finden, warum sie nicht so viel bezahlen können. Ich unterbrach daher mit folgendem Hinweis:

„Ich habe sicherlich nicht so viel Erfahrung wie du mit dieser besonderen Art von Klientel – doch jedes Mal, wenn ich sehe, dass der Verkäufer innerhalb kürzester Zeit 20, 30 gute Gründe hat, warum sein Kunde nicht kaufen oder bezahlen kann, was er als Verkäufer anbietet, weiß ich, er steht auf der falschen Seite. Dieser Verkäufer ist Anwalt des Kunden! Werde dein eigener Anwalt, der deines Unternehmens und deines Produktes oder deiner Dienstleistung!

Setze dich hin und finde mindestens zwanzig Gründe, warum ein Kunde dein Produkt oder deine Dienstleistung kaufen soll und welchen Nutzen er davon hat. Danach finde mindestens 20 Gründe, warum er das bei deinem Unternehmen tun soll und welchen Nutzen er davon hat.

3.4 Eine Frage des „Standings"

Anschließend finde noch weitere 20 Gründe, warum er bei dir persönlich kaufen soll und welchen Nutzen er davon hat. Ganz zum Schluss überlege dir zehn bis zwanzig Probleme, die er haben wird, wenn er nicht bei dir dein Produkt kauft.

Wenn diese Liste fertig ist, formatiere sie so, dass du sie angenehm lesen kannst, und lege sie so bereit, dass du sie jederzeit zur Hand hast.

Bevor du zukünftig mit der telefonischen Terminvereinbarung beginnst, lies dir deine Liste laut vor. Wenn du das nächste Mal zum Kunden fährst, um einen Auftrag zu holen, lies dir deine Liste wieder laut vor! Werde zum Anwalt deines Produktes, deiner Person und deiner Preise!"

Standing hat etwas mit innerer Überzeugung zu tun. Glauben Sie an sich! Seien Sie überzeugt von dem, was Sie tun! Damit Sie Ihr Kunde als gleichwertigen Partner sehen kann, weil Sie ein gleichwertiger Partner *sind*.

Mit Ihrem Produkt, Ihrer Dienstleistung bringen Sie Ihren Kunden ein gutes Stück weiter. Sie helfen ihm, seine Stärken zu erkennen. Sie helfen ihm, eine bessere und effektivere Produktion zu fahren. Sie helfen ihm, einen erfolgreichen Eindruck bei seinem Kunden zu hinterlassen. Sie helfen ihm dabei... (*Ergänzen Sie mit Ihrer Leistung.*)

Nehmen Sie jetzt ein Blatt Papier und beginnen Sie, die Vorteile und Nutzen, die Sie bieten, zu notieren. Hören Sie erst auf, wenn Sie für die Kategorien Ihr Unternehmen (Tab. 3.1), Ihr Produkt und/oder Dienstleistung (Tab. 3.2) und Ihre Persönlichkeit (Tab. 3.3) mindestens jeweils zwanzig Vorteile und die dazugehörigen Nutzen notiert haben.

Tab. 3.1 Vorteile und Kundennutzen Ihres Unternehmens

Ihr Unternehmen		
Vorteile/Tatsache	Kundennutzen	Kundenproblem

Tab. 3.2 Vorteile und Kundennutzen Ihres Produktes/Ihrer Dienstleistung

Ihr Produkt/Ihre Dienstleistung		
Vorteile/Tatsache	Kundennutzen	Kundenproblem

Tab. 3.3 Vorteile und Kundennutzen die Sie für Ihre Kunden haben

Sie als Verkäufer und Berater

Vorteile/Tatsache	Kundennutzen	Kundenproblem

Standing bedeutet auch, dass Sie nicht jeden davon überzeugen wollen, Ihnen einen Termin zu geben. Sondern Sie wollen die Kunden herausfinden, die jetzt Ihr Produkt zu Ihrem Preis kaufen wollen und können. Sie wollen, dass Ihr Kunde im Gespräch eine Entscheidung trifft. Er darf auch „Nein" sagen. Ein „Nein" zu Ihrem Produkt ist eine Entscheidung, die Ihnen hilft, sich sofort dem nächsten potenziellen Kunden zuzuwenden.

Ein „Nein" Ihres Kunden ist keine persönliche Beleidigung. Ein „Nein" ist kein Grund, Angst vor dem Kunden zu haben. Ein „Nein" Ihres Gesprächspartners macht den Weg zum nächsten potenziellen Gesprächspartner frei.

Gehen Sie erst zum nächsten Schritt in Ihrem Verkaufsgespräch, wenn Ihr Kunde eine Verpflichtung eingegangen ist.

▶ Sie haben also die Wahl, 80 % der Zeit in 20 % der Kunden zu stecken, die Sie immer und immer wieder anrufen.

Oder

▶ 20 % Ihrer Zeit in 80 % Rosinen-Kunden zu stecken, um herauszufinden, wer Ihr Produkt jetzt von Ihnen zu Ihrem Preis will.

Sie entscheiden!

Zeigen Sie deutlich, dass Sie sich bei Ihrem Angebot und der Art und Weise, wie Sie es präsentieren möchten, etwas gedacht haben und gleichzeitig auch die Entscheidung Ihres Kunden, ob er Ihr Angebot kaufen kann und will oder eben nicht, respektieren. Das ist Konsensitives Verkaufen.

Erfolgsrezept

Sie sind erfolgreich mit diesen fünf Schritten:
1. Eine Terminvereinbarung ist der erste Schritt einer langen Reise.
2. Klären Sie sofort, was Ihr Kunde macht, wenn das Angebot seinen Vorstellungen entspricht.

3. Bestehen Sie darauf, dass Mitentscheider anwesend sind.
4. Holen Sie sich das Versprechen, dass Ihr Kunde kauft, wenn das Angebot passt, bevor Sie zum Termin fahren.
5. Wenn Ihr Kunde dieses Versprechen nicht gibt, machen Sie keinen Termin aus und binden Sie ihn stattdessen in Ihr Marketingsystem ein.

Literatur

Heinrich, S. 2013. *Verkaufen an Top-Entscheider: Wie Sie mit Vision Selling Gewinn bringende Geschäfte in der Chefetage abschließen.* Wiesbaden: Springer Gabler.

Senger, Greti. 2010. *Für ein echtes Kompliment muss man sein gegenüber nicht gut kennen.* https://p2news.com/tag/kompliment. Zugegriffen: 28. April 2015.

Tracy, B., und F. M. Scheelen. 2010. *Speak to win: Wie Sie zu einem ausgezeichneten Redner werden vor großem und kleinem Publikum.* Offenbach: GABAL.

Verkaufst du schon oder wirbst du noch? 4

▶ Nicht jedes Kundengespräch ist ein Verkaufsgespräch. Viele Gespräche, die wir mit unserem Kunden führen, sind Marketinggespräche. Sie brauchen beides. Aber was ist der Unterschied und wann setzen Sie welches ein?

Vor einiger Zeit hatte ich von einem produzierenden Industrieunternehmen den Auftrag, ein Verkaufstraining zu halten, und zwar für die Mitarbeiter der Auftragssachbearbeitung. In manchen Firmen ist das auch der Vertriebsinnendienst.

Die Hauptaufgabe dieser Mitarbeiter ist es, die Bestellungen der Kunden anzunehmen. Diese Bestellungen werden dann von den Mitarbeitern für die Produktion aufbereitet. Zum Beispiel müssen CAD-Zeichnungen erstellt oder verändert werden. Danach muss die Rechnung vorbereitet werden, welche anschließend in die Buchhaltung weitergegeben wird.

Ein weiterer Aufgabenbereich dieser Mitarbeiter war die Bearbeitung von Reklamationen. Dabei gab es Reklamationen, die aufgrund von Fehlern des Lieferanten entstanden, doch diese waren minimal. Meistens ging es darum, eine andere Ausführung zu entwickeln, die der Ergebnisvorstellung des Kunden entsprach, die der Kunde aber erst in Zusammenarbeit mit dem Lieferanten definieren musste.

Nebenher wurden Angebote oder ausführliche Informationen zu Druckverfahren, Metalllegierungen, Verarbeitungsprozessen und weitere produktionsrelevante Informationen an bestehende sowie zukünftige Kunden versandt.

Die Geschäftsführung wünschte nun, dass die Abteilung mehr aktiven Verkauf machte. Das ist eine ganz typische Situation: Der Vertriebsinnendienst soll mehr verkaufen.

Und ganz typisch ist auch: Die Mitarbeiter sind der Meinung, dass der Tag nur acht Stunden hat und dass sie in dieser Zeit gewöhnlich nicht zum Kaffeekränzchen herumsitzen. Mit anderen Worten: Bitte keine zusätzliche Arbeit!

Die Führung sagte dazu, dass die Mitarbeiter im Einzelnen gesehen schon ihre Arbeit machen, dass aber sicherlich noch mehr Verkauf möglich ist, wenn sie a) besser organisiert sind und b) lernen, wie man richtig verkauft.

Bevor ich so ein Training durchführe, erstelle ich eine IST-Analyse. Das bedeutete in diesem Fall, ich setze mich einen Tag in die betreffende Abteilung und spreche mit allen Teilnehmern. Doch nicht nur das, sondern ich höre auch zu, schaue, was den ganzen Tag passiert. Ich mache mir ein Bild vom tatsächlichen Arbeitsalltag.

Ein paar Tage später begann dann das Training. Nach den üblichen Begrüßungszeremonien startete meine erste Übung mit der Frage:

> Wenn Sie 100 % Arbeitszeit haben, auf die Woche gesehen, wie viel davon verbringen Sie mit der Aufgabe Verkaufen?

Ich machte daraus einen kleinen Wettbewerb, wer der tatsächlichen Zeit am nächsten kommt. In diesem Fall wurden durchschnittlich 20 % der Wochenarbeitszeit als Verkaufszeit genannt. Mal mehr, mal weniger. Um nun die genaue Verkaufszeit festzustellen, sammelten wir die Aufgaben, die während einer Woche im Allgemeinen erledigt wurden.

Die Aufstellung der Mitarbeiter ist in Tab. 4.1 zu sehen.

Jetzt war klar, wo die 20 % Einsatz für den Verkauf herkommen.

Gemeinsam haben wir uns dann den Bereich „Verkaufen" (Tab. 4.2) einmal näher angesehen.

Bei genauerem Hinsehen sind 2 % der Arbeitszeit reine Verkaufszeit. 2 % von 40 Wochenstunden entsprechen **48 min** Wochenarbeitszeit!

Hand aufs Herz, wie viele echte Telefongespräche führen Sie in dieser Zeit? Sehen wir es positiv. Zwei Gespräche, die von Inhalt und Dauer theoretisch als Verkaufsgespräch bezeichnet werden könnten. Meinen Teilnehmern ging es genauso.

Ich höre Sie rufen: *„Moment mal, was ist denn mit den Angeboten, die erstellt werden, den Unterlagen, die versandt werden, den Datenblättern und besonders den Messeinladungen?"*

Das ist vor allem einmal Arbeit. Sie sind fleißig, sehr fleißig. Doch Sie führen nur 48 min in der Woche Kundengespräche, die den Verkauf ausbauen, brutto gesehen. Denn im Netto-Bereich sind es 20 min, wenn wir bei unseren zwei Gesprächen bleiben und von 10 min pro Gespräch ausgehen.

So gesehen hat die Geschäftsführung meines Kunden auf jeden Fall Recht. Doch auch die Mitarbeiter haben Recht. Sie sind die ganze Zeit aktiv bei der Arbeit. Es muss sich also im Grundsatz etwas ändern.

Tab. 4.1 Aufgabenaufstellung der Mitarbeiter

Aufgabe	Prozentualer Zeitanteil (%)	Verkaufszeit ja/nein
Reine Auftragssachbearbeitung	60	Nein
Auftragsannahme		
Auftragsaufbereitung		
CAD-Zeichnungen		
Weiterleitung der Bestellung an die Produktion		
Rechnungsschreibung		
Diverses		
Reklamationsbearbeitung	20	Nein
Änderungswünsche der Kunden durchführen		
Änderungswünsche der Kunden entwickeln		
Fehler, die durch die Mitarbeiter entstanden sind, beheben		
Diverses		
Verkaufen	20	Ja
Angebote erstellen		
Unterlagen versenden		
Verfahrensdatenblätter versenden		
Angebote nachtelefonieren		
schlafende Kunden reanimieren		
Neue Kunden akquirieren		
Messeeinladungen versenden		

Die kurze Definition lautet: Marketing bedeutet, den Kunden zu informieren. Dafür gibt es eine Reihe von Möglichkeiten. Mailings, Newsletter, Messen, PR-Artikel und vieles mehr.

Verkaufen bedeutet, eine vertrauensvolle Beziehung aufzubauen. Dem voraus geht, dass unser Kunde grundsätzlich bereit ist, jetzt unser Produkt zu unserem Preis von uns kaufen zu wollen.

Tab. 4.2 Aufgabenbereich „Verkaufen"

Aufgabe	Prozentualer Zeitanteil (%)	Verkaufszeit ja/nein
Verkaufen		
Angebote erstellen	8	Vielleicht
Unterlagen versenden	4	Nein
Verfahrensdatenblätter versenden	3	Nein
Angebote nachtelefonieren	1	Ja
Schlafende Kunden reanimieren	0,5	Ja
Neue Kunden akquirieren	0,5	Ja
Messeeinladungen versenden	3	Nein

Eine vertrauensvolle Beziehung aufzubauen, bedeutet vor allem, mit dem Kunden zu sprechen. Menschen verbinden Gespräche. In meinen Verkaufstrainings erlebe ich immer wieder, dass die Teilnehmer viel zu wenig mit ihren Kunden sprechen. Da wird angenommen, vermutet oder aus Erfahrung gelernt – doch nicht gesprochen. Greifen Sie zum Äußersten – greifen Sie zum Telefonhörer und rufen Sie an. Sprechen Sie mit Ihren Kunden und die Beziehung baut sich fast automatisch auf.

Damit es kein Missverständnis gibt, beides hat seine Daseinsberechtigung oder besser: beides ist wichtig! Entwickeln Sie ein Bewusstsein für Marketing und ein Bewusstsein für Verkauf.

Im klassischen Verkauf verschwimmt beides miteinander. Im klassischen Verkaufen gehen wir davon aus, dass unsere Zielgruppe auf alle Fälle unser Produkt oder unsere Dienstleistung braucht. Es ist nur eine Frage der Zeit und der Energie, die wir einsetzen. Wir müssen nur oft und lange genug auf den Kunden einwirken, und dann haben wir ihn.

Es ist aber viel klüger, beides auseinanderzuhalten. Was ist denn die wirkliche Aufgabe eines Verkäufers? Marketing oder Verkauf? Bis zu einem gewissen Grad beides! Aber in welchem Verhältnis?

4.1 Sind Sie eine Glühbirne oder eine Energiesparlampe?

Die Frage „Verkaufen Sie schon oder werben Sie noch?" könnte man auch in Form einer Metapher stellen. Die Hauptaufgabe einer Glühbirne ist es, Licht zu verbreiten. Einverstanden? Dazu nimmt sie 100 % Energie auf, gibt aber nur 2 % davon als Licht ab, der Rest wird in Wärme umgesetzt. Doch das ist nicht ihre Aufgabe!

Ganz anders die Energiesparlampe, auch ihre Aufgabe ist es, Licht zu verbreiten. Auch sie nimmt 100 % Energie auf, sie gibt aber 92 % in Licht ab und nur 8 % in Wärme.

Welche von beiden ist nun in der Effizienz ihrer tatsächlichen Aufgabe erfolgreicher? Natürlich die Energiesparlampe!

Also noch mal die Frage: Was ist Ihre Aufgabe, Marketing oder Verkaufen? Antwort: Beides ist wichtig. Doch die Mischung entscheidet über Ihren Erfolg. Und die Mischung enthält in den meisten Fällen zu viel Marketing und zu wenig Verkaufen. Und zwar alleine deshalb, weil die Marketingaufgaben zu undifferenziert, zu wenig verkaufsorientiert durchgeführt werden.

Der Versand eines Angebotes ist Teil des Verkaufens, aber nur dann, wenn sich der Kunde dafür qualifiziert hat. Damit Sie als Verkäufer effizient und erfolgreich bleiben, ist es wichtig, genau abzuwägen, welcher Kunde sich für ein Angebot qualifiziert hat.

Sie haben richtig gelesen. Im Konsensitiven Verkaufen muss sich der Kunde für ein Angebot *qualifizieren*. Der Versand eines Angebotes hat nichts mit „das erledige ich noch schnell nebenbei" zu tun. Der Versand eines Angebotes ist sehr sinnvoll, wenn der Kunde sich dafür qualifiziert hat, wenn nicht, ist es eine Verschwendung von Ressourcen.

Zum einen Kosten für den Druck, den Versand und den Aufwand des Versandes. Dazu kommt der Aufwand für die Erstellung eines Angebotes. Je nach Produkt oder Dienstleistung bedeutet dies auch ein stundenlanges Recherchieren, Aufbereiten, bis hin zum Erstellen eines Modells. Da geht schon mal eine Nachtschicht drauf. Zum anderen, und das ist noch maßgeblicher, bietet unser Angebot ohne Commitment unseres Kunden die Grundlage für unsere Mitbewerber, ein paar Prozent unter unser Angebot zu gehen, oder unser Angebot stellt bereits einen Teil des zu kaufenden Konzeptes dar. Hier wird wertvolles Wissen preisgegeben, worauf unser Kunde oder auch ein Mitbewerber die passende Lösung aufbauen kann.

Und machen wir uns nichts vor: Genau das passiert ständig. Ein Lied davon können die Handwerker singen, die deshalb für einen Kostenvoranschlag heute aus gutem Grund Geld berechnen, welches bei Auftragserteilung auf den Gesamtauftrag angerechnet wird. Doch das ist nur zur Hälfte eine gute Lösung. Denn die jahrelange Erfahrung des Anbieters wird hier sicher nicht wirklich honoriert, höchstens die Zeit, welche für die Erstellung des Angebotes investiert wurde.

Ein anderes Bespiel beschreibt Wolfgang Bönisch (2011, S. 107) in seinem Buch „Werkstatt für Verhandlungskunst". Hier erzählt er von einem potenziellen Auftraggeber, für den er im Vorfeld viel Zeit und Geld investiert hat:

Für ein großes Trainingsprojekt hatte ich mich zusammen mit einigen Partnern beworben. Bereits für die erste Auswahlphase wurden zu einigen Themenfeldern explizite Trainingskonzepte erwartet. Bis zum Schönheitswettbewerb in München hatten wir bereits fünf Manntage in das Projekt investiert. Zu zweit flogen wir nach München und gewannen für einen Teil des Auftrages tatsächlich den Wettbewerb. Und dann passierte ... erst mal nichts. Nach einigen Monaten wurde kurzfristig eine zweite Präsentation zur Abstimmung der Themen mit den anderen Trainern anberaumt. Wieder nach München, noch einmal ein Tag und die feste Zusage, dass man nun zeitnah das Projekt starten würde, und die Bitte, entsprechende Kapazitäten frei zu halten. Erste Termine für den Roll-Out wurden genannt. Der Vertrag sollte innerhalb von vier Wochen nach Prüfung durch die Rechtsabteilung vorliegen. Das ist jetzt über zwei Jahre her, das Unternehmen ist in ständigen Umstrukturierungen. Das Wissen um das Projekt ist verloren gegangen, die ursprünglichen Ansprechpartner sind nicht mehr da.

Solche Situationen sind leider nicht selten. Die Handwerker und Wolfgang Bönisch haben diese Erfahrung gemacht, weil sie nach der klassischen Verkaufsmethode gearbeitet haben. „Einmal und nie wieder" kann man da nur sagen.

Wann erstellt man denn nun ein Angebot?
In Kap. 3 haben Sie erfahren, dass Sie, bevor Sie sich auf den Weg zum Kunden machen, Ihren Kunden fragen, ob er wirklich dieses Produkt oder diese Dienstleistung jetzt kaufen will. Die Frage dazu lautet:

Herr Braun, angenommen, mein Angebot entspricht genau Ihren Vorstellungen, was werden Sie dann tun?

Positive Antwort: *„Dann werden wir kaufen."*

Erst nach dieser Antwort macht es Sinn, einen Termin zu vereinbaren, um herauszufinden, welche Kriterien erfüllt werden müssen, damit unser Angebot den Vorstellungen des Kunden entspricht.

Je nach Volumen und Situation kann die Analyse der Bedürfnisse unseres Kunden vor Ort beim Kunden, bei uns im Unternehmen oder per Telefon stattfinden. Es findet also ein Interview statt, das klären soll, wie Sie und Ihr Kunde eine für beide Seiten gewinnbringende Beziehung aufbauen. (Lesen Sie dazu die Kap. 8, 9 und 10.)

Im klassischen Verkaufen wird diese Phase als Analysephase bezeichnet. Zuerst haben wir unser Produkt kurz vorgestellt und versucht, die Aufmerksamkeit unseres Gesprächspartners zu erhaschen, um ihn dann mit Fragen zu bombardieren, damit wir erfahren, was wir ihm anbieten sollen. Was hat der potenzielle Kunde dazu gemeint?

Er hat sich gewehrt und gemeint, was dieses „Verhör" jetzt soll. Vollkommen zu Recht, warum sollte er aus seiner Sicht wertvolle Zeit und Informationen preisgeben, wenn er sich noch überhaupt nicht dazu entschieden hat zu kaufen. Sobald er in seinem Entscheidungsprozess soweit ist, dass er grundsätzlich eine Dienstleistung oder ein Produkt kaufen möchte, ist er auch bereit, Ihnen Rede und Antwort zu stehen, damit Sie Ihr Angebot so aufbereiten, dass Sie davon ausgehen können, dass er auch bei Ihnen kauft.

Wenn Sie also nur noch ein Angebot versenden, wenn Ihr Kunde wirklich kaufen möchte, dann wird sich die Anzahl Ihrer Angebote stark reduzieren, aber die Anzahl Ihrer Abschlüsse proportional zu Ihren Angeboten stark erhöhen. Und Sie gewinnen viel Zeit.

4.2 Marketing mit Blick auf den Verkauf

Welche Marketingmaßnahmen machen Sinn? – Erst einmal alle, die Sie bisher auch schon eingesetzt haben. Wichtig ist dabei nur, dass Sie erkennen, wann Sie welche Maßnahme angehen.

In Kap. 3 haben Sie erfahren, dass Ihr Kunde nicht immer sagt: „Ich will", sondern oft auch „vielleicht", „später" oder „nein". Per Definition gehört unser Ansprechpartner aber zur Zielgruppe. Nur **heute** will er nicht **bei uns** kaufen. Das kann sich ändern, daher schmeißen wir die potenzielle Adresse nicht in den Schredder, sondern stecken sie in unser Marketingsystem.

Angenommen, zu unserem Marketingsystem gehört der Versand unseres Newsletters. So erreichen wir sehr viel mehr potenzielle Kunden regelmäßig per Newsletter, als wenn wir einen Kunden immer wieder und wieder per Telefon anrufen, der „heute" und „von uns" nichts will.

Prüfen Sie, welche Marketingsysteme Sie in Ihrem Unternehmen haben oder haben könnten:

- Newsletter
- Einladung zur Messe oder Tag der offenen Tür
- Einladung zur Roadshow
- Mailings per Post
- Der Versand eines Fachmagazins mit einem Artikel von uns oder wir produzieren selbst ein Fachmagazin
- Briefe oder Postkarten, die dem Beziehungsmanagement dienen
- Kleine Aufmerksamkeiten. Beispiel: Eine Trainerkollegin hat die Markenfarbe „Orange" und wann immer sie Kleinigkeiten – manchmal nützlich, manchmal

einfach nett – findet, kauft sie diese mehrfach und versendet sie. Sie macht sich dadurch unvergesslich bei ihren Kunden.

Das alles sind Marketingmaßnahmen, die, sinnvoll und geplant eingesetzt, später beim Verkaufen unterstützen.

Sinnvoll und geplant eingesetzt bedeutet, dass wir die Antworten unseres Kunden auf unsere Frage „*Was werden Sie dann tun*" ernst nehmen.

> **Beispiel: Umleiten statt Drücken**
>
> **Sie, der Verkäufer:** „*… was werden Sie dann tun?*"
> **Ihr Kunde:** „*Wir legen es ab, da wir frühestens in sechs Monaten kaufen werden.*"
> **Sie, der Verkäufer:** „*Ich habe Sie richtig verstanden, Sie kaufen frühestens in sechs Monaten?*"
> **Ihr Kunde:** „*Ja, genau.*"
> **Sie, der Verkäufer:** „*Innerhalb von sechs Monaten kann sich viel ändern. Es könnte eine neue Version des Produktes auf den Markt kommen. Oder das Produkt muss plötzlich andere Kriterien bei Ihnen im Unternehmen erfüllen und daher anders zusammengestellt werden. Sicherlich ist es dann sinnvoll, das Angebot erst zu erstellen, wenn Ihr Bedarf aktuell ist. Was meinen Sie?*"
> **Ihr Kunde:** „*Da haben Sie recht. Melden Sie sich dann wieder?*"
> **Sie, der Verkäufer:** „*Damit Sie aber während der Zeit über die neusten Entwicklungen dieses Produktes informiert sind, senden wir Ihnen gerne unseren 14-tägigen Newsletter zu. Hierbei geht es nicht um Werbung, sondern um neue Verfahrenserkenntnisse. Wäre das in Ihrem Sinne?*"
> **Ihr Kunde:** „*Ja, das interessiert mich. Bitte senden Sie den Newsletter an …*"
> **Sie, der Verkäufer:** „*Das mache ich gerne. Wann genau geht die heiße Phase der Produktauswahl den los?*"
> **Ihr Kunde:** „*Vier Wochen vorher. Also ab Ende Mai.*"
> **Sie, der Verkäufer:** „*Dann melde ich mich Ende Mai wieder bei Ihnen. Welcher Wochentag ist denn für dieses Gespräch am besten geeignet?*"
> **Ihr Kunde:** „*Donnerstag ist der ruhigste Tag bei uns.*"
> **Sie, der Verkäufer:** „*Die beiden letzten Donnerstage sind der 24. oder der 31. An welchem soll ich Sie anrufen?*"
> **Ihr Kunde:** „*Am 24., damit es nicht zu knapp wird.*"
> **Sie, der Verkäufer:** *…(vereinbaren nun eine genaue Uhrzeit für den Telefontermin.)*

4.2 Marketing mit Blick auf den Verkauf

Anstelle eines Newsletters können Sie auch allgemeine Unterlagen anbieten, eine Einladung zur Messe (wenn diese in diesem Zeitraum stattfindet) oder einfach nur einen Fachartikel, der Ihr Verfahren beschreibt oder grundsätzlich und allgemein Lösungen für die Herausforderungen dieses Kunden anbietet.

Hinterlassen Sie eine aussagekräftige Visitenkarte. Aber: Hinterlassen Sie *nicht* Ihr gesamtes Wissen, Ihre kostbare Zeit oder wichtige Daten und Fakten, solange Ihr Kunde nicht deutlich die Aktualität seiner Kaufabsicht zum Ausdruck bringt.

Verkaufen im Konsensitiven Sinne bedeutet, mit dem Kunden eine vertrauensvolle Partnerschaft zu bilden. Sie und Ihr Kunde sind ein Team. Mit Ihrer Dienstleistung oder Ihren Produkten erfüllen Sie ein Bedürfnis Ihres Kunden. Sie sind ein Teil seines Erfolges. Damit sind Sie als Verkäufer wichtig für ihn. Er begegnet Ihnen auf Augenhöhe, weil Sie ihm auf Augenhöhe begegnen.

- Verkaufen bedeutet nicht, mit aller Gewalt einen Abschluss zu bekommen.
- Es bedeutet nicht, nur die Dinge zu sagen, die unser Kunde hören will. Es bedeutet nicht, mit dem Preis runter zu gehen oder Kompromisse zu machen.
- Es bedeutet nicht, durch Fangfragen oder Manipulation den Kunden zu einem Abschluss zu bewegen.

Konsensitives Verkaufen bedeutet, sich für den Kunden zu interessieren, herauszufinden, mit welchen Herausforderungen er täglich zu kämpfen hat. Daraus ergibt sich zu wissen, worauf er Wert legt, welche Konditionen und Bereiche Ihrer gemeinsamen Beziehung ihm wichtig sind. Da Ihr Kunde in dieser Phase wirklich an einem Kauf interessiert ist, ist er auch bereit, mit Ihnen diese Beziehung einzugehen und sogar durch Offenheit zu unterstützen. Ihrem Kunden auf Augenhöhe zu begegnen, bedeutet auch, es ehrlich und ernst zu meinen. Ihr Kunde spürt sofort, wenn Sie nur so tun als ob.

Der gravierendste Unterschied zwischen Marketing und Verkauf ist: Im Marketing erzählen wir von uns, unserem Produkt, unserem Können, unserer Leistung. Wir zeigen, wie *wir* ticken. Hier dürfen wir brillieren und präsentieren. Wir zeigen, was wir können. Das passiert auf Messen. Das steht in unserem Prospekt. Das zeigen wir in unserer Roadshow. Wenn wir dabei ab und an erwähnen, was unser Kunde davon hat, ist das genau der richtige Weg.

Beispiele: Was Marketing sagt

In unserem Prospekt steht:

Wir haben 5000 m² Lagerfläche. Das bedeutet für Sie, Sie können jederzeit „just in time" bestellen und sparen viel Geld für Lagerfläche ein.

oder:

Wir sind seit 35 Jahren am Markt. Das bedeutet für Sie, wir kennen die gesamte Entwicklung der letzten 30 Jahre auf diesem Gebiet, diese Erfahrung geben wir Ihnen mit, so dass Sie keine eigenen Tests durchführen müssen, sondern unsere Auswertungen erhalten.

Beim Verkaufen sind wir kommunikativ nicht bei uns, sondern beim Kunden: Wir sind an unserem Kunden interessiert. Hier wollen wir wissen, wie *er* tickt.

- Welche Lösungen sucht er? Warum sucht er die?
- Wie trifft er Entscheidungen?
- Welche Erfahrungen hat er mit dieser Art von Dienstleistungen schon gemacht?
- Was will er ganz sicher nicht mehr? Worauf legt er dagegen ganz viel wert?

Wir stellen viele Fragen, offene Fragen, Fragen, bei denen unser Kunde die Gelegenheit hat, von sich und seinen Vorstellungen zu erzählen.

4.3 Wissen ist Vertrauen

Im klassischen Verkaufen heißt es: „Wissen ist Macht." Im Konsensitiven Verkaufen dagegen: „Wissen ist Vertrauen." Das heißt auch, dass wir Informationen über uns preisgeben. Nicht, dass wir die Größten und Schönsten sind, sondern darüber, welche Art Mensch wir sind, was uns wichtig ist, warum wir den Kunden oder seine Vorstellungen gut verstehen können. Wir sind auch offen, wenn wir etwas nicht verstehen. Wir tun nicht so als ob, sondern fragen nach, um es zu verstehen.

Auch im Konsensitiven Verkaufen müssen Sie Ihren Kunden nicht lieben und heiraten. Aber Sie sollten ihn achten. Wir haben in unserem privaten Leben auch Freunde, mit denen wir nicht immer einer Meinung sind. Das ändert nichts an unserer Beziehung, wir respektieren die Meinung des Anderen, und wenn wir dabei in unterschiedliche Richtungen driften, finden wir einen Kompromiss, mit dem wir uns beide wohlfühlen.

Dasselbe gilt für die Kundenbeziehung. Wenn die Vorstellungen Ihres Kunden und Ihre Vorstellungen nicht eine gemeinsame Basis haben und Sie keinen Kompromiss finden, ist dieser Partner nicht unser Kunde. Denn über kurz oder lang wird es Probleme geben, die nur unter Einsatz von viel Zeit, Energie oder sogar Geld gelöst werden können. Das ist keine Basis für eine vertrauensvolle Zusammenarbeit.

Wie ging nun die Geschichte bei meinem Kunden, dem produzierenden Industrieunternehmen, aus? Wir nahmen die vorhandenen Marketingideen unter die Lupe und definierten zu den jeweils bekannten „Reaktionen der Kunden" die jeweilige Aktion.

Wir veranstalteten ein Brainstorming über weitere Aktionen für das Marketingsystem. Wir definierten eine Anzahl von realistischen Verkaufsgesprächen mit „schlafenden Kunden", mit Kunden, die erstmalig angesprochen wurden, aber auch mit bestehenden Kunden, bei denen es durchaus noch Möglichkeiten gab, den Lieferantenstatus auszubauen.

Jeder Mitarbeiter verpflichtete sich, täglich einen „Kunden" anzurufen und zwar, wann immer es möglich war, am Morgen, damit dieser Anruf nicht aufgrund des „ganz normalen Wahnsinns" in der Auftragsannahme unterging. Sollte der Kunde nicht sofort erreichbar sein, bestand die Möglichkeit, es an diesem Tag noch zwei- bis dreimal zu versuchen. War der Kunde für längere Zeit nicht anwesend (Urlaub, Dienstreise), wurde sofort eine weitere Adresse angerufen. Es hat nicht bei jedem Mitarbeiter jeden Tag geklappt, aber im Durchschnitt gelang es den Mitarbeitern an 3 Tagen der Woche.

Und das Wichtigste: Wir erarbeiteten einige Verkaufsgespräche, mit denen sich die Mitarbeiter beim aktiven Verkaufen auch wohlfühlten und mit denen sie Erfolg hatten, so dass am Ende des Prozesses echte Angebote rausgingen, die in den meisten Fällen zu Aufträgen wurden.

> **Erfolgsrezept**
>
> Sie sind erfolgreich mit diesen fünf Schritten:
> 1. Analysieren Sie Ihre Arbeitszeit. Wie viel „Vertriebszeit" haben Sie wirklich?
> 2. Ihre Angebote sind wertvoll. Weniger ist mehr. Dafür schneiden Sie das jeweilige Angebot genau auf den Kunden zu.
> 3. Prüfen Sie, welche Marketingsysteme Sie bereits haben und welche Sie mit wenig Aufwand aber großer Wirkung einführen können.
> 4. Wissen ist Vertrauen. Achten Sie Ihren Kunden und schenken Sie ihm Vertrauen.
> 5. Erstellen Sie einen Vertriebsplan: Wie viele Kunden rufen Sie wöchentlich mindestens an?

Literatur

Bönisch, W. 2011. *Werkstatt für Verhandlungskunst: Bessere Verhandlungsergebnisse mit den richtigen Werkzeugen.* Hamburg: tredition.

Drei Stärken am Markt 5

▶ Drei Faktoren bestimmen den Erfolg am Markt: Qualität – Service – Preis. Manche Firmen behaupten, in allen drei Bereichen die Besten und Größten zu sein. Das geht nicht. Es sind maximal zwei von den drei Spitzenplätzen möglich. Wo sind Sie der Stärkste?

Einer meiner Kunden verkauft eine Softwareanwendung, mit der Fotografen ihre Bilder ansprechend präsentieren können. Der Preis für die Home Edition, das ist die Version, die vor allem Privatleute gerne nutzen, beträgt 29,90 €. Natürlich hat der eine oder andere Anwender ein Problem bei der Nutzung. Dann ruft er den Support meines Kunden an. Was glauben Sie, wie viel kostenfreien Support kann mein Kunde nun für diese Version des Programmes bieten? Richtig! Keinen! Das ist für diesen Preis einfach nicht möglich. Mein Kunde hat dafür nun zwei Lösungen entwickelt. Zum einen FAQ (Frequently Asked Questions) und zum anderen E-Mail-Support. FAQ bedeutet, es gibt eine Internet-Seite mit den häufigsten Fragen und standardisierten Antworten. Den meisten Anwendern ist damit geholfen. Die, die hier keine Antwort gefunden haben, schreiben ein E-Mail mit ihrem Problem und erhalten nach einigen Tagen eine Antwort.

Wenn Sie nun aus einem Unternehmen kommen, das persönlichen Support innerhalb von vier Stunden anbietet, ist Ihr Aufschrei groß. Sie haben Recht, diese Vorgehensweise spricht nicht für Service. Mein Kunde hat sich Service bei diesem Produkt auch nicht auf die Fahne geschrieben. Für dieses Produkt gilt: sehr gute Qualität und günstig.

Ganz anders bei der Professional Edition, hier ist der Verkaufspreis 790 €, hier kann telefonischer Support gewährleistet werden. Bei diesem Produkt steht auf der Marketingfahne: sehr gute Qualität und guter Service.

© Springer Fachmedien Wiesbaden 2015
G. S. Graupner, *Verkaufe dein Produkt, nicht deine Seele,*
DOI 10.1007/978-3-8349-4727-7_5

Was haben Sie sich auf Ihre Marketingfahne geschrieben? Steht Ihr Produkt für guten Service, gute Qualität oder günstigen Preis? Treffen Sie hier eine Entscheidung bzw. erkennen Sie, welche Entscheidung Ihr Unternehmen hier getroffen hat.

Warum ist das wichtig? Zum einen ist es eine Grundvoraussetzung zur Definition Ihrer Zielgruppe. Zum anderen hilft es Ihnen im Wettbewerbsvergleich und in der Präsentation Ihres Produktes.

5.1 Die Stärken von Unternehmen, Angebot und Person

Konsensitives Verkaufen steht für eine zielorientierte Kundenansprache. Das heißt, nicht jeder ist automatisch unser Kunde, wie im klassischen Verkaufen, sondern nur wer unser Produkt von uns braucht„ und wer jetzt und zu unserem Preis kaufen will.

Bevor Sie also Adressen als potenzielle Kunden definieren, ist es wichtig, dass Sie sich über die Stärken Ihres Unternehmens und Ihrer Produkte oder Ihrer Dienstleistung bewusst sind. Wenn Sie mit den richtigen Stärken zur falschen Zielgruppe gehen, bedeutet dies Stress und unnötigen Zeitaufwand.

Eines der wichtigsten Argumente für Konsensitives Verkaufen ist der Umgang mit dem Kunden auf Augenhöhe. Die richtigen Stärken der falschen Zielgruppe anzubieten, entspricht mehr dem Gießkannenprinzip des klassischen Verkaufens. Sie sind dann schnell wieder beim Überreden oder Überzeugenwollen des Ansprechpartners.

Nehmen wir an, Sie wollen sich eine neue Uhr kaufen. Soll diese Uhr nun praktisch, nützlich und preiswert sein, dabei aber auch nicht unansehnlich? Oder planen Sie, eine wunderschöne Uhr zu kaufen, die auch Ihren bisherigen Erfolg repräsentiert und gleichzeitig eine Wertanlage ist?

Nun, im ersten Fall kaufen Sie die Uhr vielleicht bei Tchibo. Tchibo preist seine Uhren mit Beschreibungen wie „funktionelle Accessoires" oder „sportive Armbanduhren" an. Der Preisdurchschnitt liegt bei 33 €, wobei es ganz günstige Uhren für 8 € und auch schon etwas anspruchsvollere für bis zu 200 € gibt.

Wenn die Uhr jedoch repräsentativ und eine Geldanlage sein soll, dann schauen Sie sicher eher bei TUDOR, einer Nobelmarke aus der Schweiz. Da gibt es nicht *eine* Uhr – sondern *Ihre* Uhr! Sie stellen sie in Bezug auf Design und Funktion selbst zusammen. Dabei veranlassen die Preise den Kunden, einen Vermögenssparplan anzulegen.

Nun stellen Sie sich vor, Sie sind der Kunde, der sich seine Uhr bei Tchibo kaufen will. Bei einer Veranstaltung kommt ein Verkäufer von TUDOR auf Sie zu und schwärmt von seinen Uhren. Alles schön und gut, doch die Zeitangabe mittels einer Tchibo-Uhr ist genau das, was Sie brauchen. Repräsentieren werden Sie in Zukunft mit einer wirklich schicken Limousine, nicht mit einer teuren Uhr. Sie kaufen Uhren nach den Argumenten „günstig" und „praktisch". Egal wie weit der Vertreter von TUDOR auch mit dem Preis runter geht – Sie sind nicht sein Kunde. Im Gegenteil, ab einer bestimmten Stufe des Preisnachlasses würden Sie sich eher Gedanken über die Echtheit der Uhr machen.

Luxus oder günstig?
Tchibo-Uhren werden immer günstig sein – TUDOR-Uhren nie. Beide haben ihre Berechtigung am Markt und vor allem haben beide ihre Kunden. Verkaufsaktivitäten in der jeweils falschen Zielgruppe wären reine Energieverschwendung. Stellen Sie sich nun vor, der Verkäufer der TUDOR-Uhren träfe nur auf Kunden, die ihre Uhr eher bei Tchibo kaufen. Nach einer Reihe von Fehlversuchen geht er zurück in sein Unternehmen und stellt fest: „Unsere Uhren sind zu teuer!" Er äußert sich bei seinem Vertriebsleiter, dass das Unternehmen unbedingt die Preise senken muss, dass mehr Werbung gemacht werden soll und überhaupt die Zeit für Uhren sowieso vorbei ist, da ja heute jedermann auf sein Handy blickt, um zu erfahren, wie spät es ist.

Lieber Leser, Sie haben Recht und ich höre Sie rufen: „So blöd ist kein Vertriebsmitarbeiter! Wer sich so im falschen Markt bewegt, sollte einen anderen Beruf ergreifen!"

Zugegeben, das Beispiel ist überzeichnet. Im wirklichen Leben sind die Unterschiede feiner. Doch das Problem dahinter tritt zutage: Verkäufer vergleichen sich immer wieder mit Wettbewerbern, die nur auf den ersten Blick ihre Mitbewerber sind. Oder sie stoßen schnell in das Horn ihrer vermeintlichen Kunden, dass ihr Service zu schlecht oder ihre Preise zu hoch seien.

Oft können sie auch einfach nicht „Nein" sagen. Ein potenzieller Kunde winkt mit einem Auftrag, der haarscharf an ihrem Portfolio vorbeigeht, und sie versuchen krampfhaft, ihr Angebot passend zu machen.

Schauen Sie sich Ihr Angebot oder Ihre Dienstleistung einmal genauer an.

Qualität oder weniger Qualität
- Zählt Ihr Produkt zu den hochwertigen Produkten seiner Art am Markt? Welche Merkmale sind ein Kennzeichen Ihrer Qualität?
- Welche Eigenschaften hat das Produkt, wodurch es sich deutlich von den Produkten der Mitbewerber unterscheidet?
- Warum sind Ihren bisherigen Kunden diese Eigenschaften wichtig gewesen?

- Was wäre der Nachteil, wenn Sie oder Ihr Unternehmen sich dazu entschließen würden, die Qualität zu reduzieren?
- Was ist der Vorteil Ihres Produktes, da die Qualität nicht an erster Stelle steht?
- Warum haben Ihre bisherigen Kunden Ihr Produkt gekauft, obwohl Qualität nicht das herausragendste Merkmal war?
- Wie definiert sich die Qualität bei Ihrem Dienstleistungsangebot? Wie messen Sie oder Ihre Kunden diese Qualität?
- Welche bildhaften Vergleiche bieten sich an, um die Qualität Ihrer Dienstleistung darzustellen? Zum Beispiel: „Wir sind der Mercedes unter den Reinigungsfirmen, weil wir den höchsten Anspruch an die Sicherheit und Zuverlässigkeit unserer Mitarbeiter stellen."

Stellen Sie sich diese Fragen und notieren Sie sich die Antworten. Das macht Sie selbstsicher und schützt Sie davor, in das Horn des Klagens zu blasen, weil es am Markt gerade „in" ist. Erstellen Sie anschließend eine Liste von Eigenschaften, die die Qualität Ihres Produktes kennzeichnen, wie zum Beispiel:

- Langlebigkeit
- Robustheit
- exzellente Anwendungs- bzw. Installationsbeschreibung
- bestens ausgebildete Mitarbeiter
- regelmäßige Trainingsmaßnahmen für die Mitarbeiter
- zwei Kontrolldurchgänge usw.

Anschließend bewerten Sie jede Eigenschaft mit Noten von eins bis fünf. Auch krumme Dezimalnoten, wie 1,5 sind erlaubt. Die Bewertung erfolgt im Vergleich zu den Mitbewerbern. Beispiel: Ihr Produkt hat eine durchschnittliche Lebensdauer von sechs Jahren, die Produkte Ihres Mitbewerbers von vier Jahren, deshalb erhält die Eigenschaft „Langlebigkeit" beispielsweise eine 1,5. Diesen Vorgang wiederholen Sie mit allen Eigenschaften, die die Qualität kennzeichnen. Am Schluss errechnen Sie die Durchschnittsnote.

Günstig oder im Preis sehr hoch

- Achten Sie auf Ihre Sprache: „Billig" ist negativ belegt. „Günstig" oder „Preiswert" sind positive Synonyme.
- Wie definieren Sie „günstig"? Im Verhältnis wozu? Sie können diese Frage auch umgekehrt stellen:

5.1 Die Stärken von Unternehmen, Angebot und Person

- Im Preis sehr hoch? Wie definieren Sie „hoch", im Verhältnis wozu? Wenn Ihr Produkt im Preis hoch ist, welche Vorteile bietet es im Gegenzug dazu?
- Warum sollte Ihr Kunde diesen Preis gerne bezahlen?
- Würden Sie Ihr Produkt selbstredend zu diesem Preis kaufen?
- Wäre Ihnen selbst Ihre Dienstleistung diesen Preis wert?

Bitte notieren Sie Ihre Antworten auf die einzelnen Fragen ausführlich. Sie gehen dadurch ganz anders mit Fragen oder Anmerkungen zu Ihrem Preis um. Jetzt verfahren Sie wie mit der Stärke „Qualität". Erstellen Sie eine Liste von Eigenschaften rund um Ihren Preis. Dazu zählt nicht nur der Preis des Produktes oder der Dienstleistung, sondern auch Merkmale wie:

- Zahlungsziel
- Skonto
- Werbekostenzuschläge
- Mindermengenzuschläge
- Mindestbestellmengen
- Verpackungs- und/oder Versandkosten

Bewerten Sie daraufhin wieder jede Eigenschaft. Sollte ihr Mitbewerber zum Beispiel Skonto gewähren und Ihr Unternehmen nicht, erhält das Merkmal „Skonto" auf Ihrer Liste eine 5. Auch hier rechnen Sie wieder die Durchschnittsnote aus.

Wie reagieren Sie nun, wenn Ihr Kunde Ihnen den Vorwurf macht, dass Sie sehr teuer sind? Im klassischen Verkaufen war eine Reaktion wie im folgenden Beispiel üblich:

Beispiel

Ihr Kunde: *„Sie sind sehr teuer."*
Sie, der Verkäufer: *„Im Verhältnis wozu?"*

Das sind Antworten, die noch aus dem Verbalwettkampf des klassischen Verkaufens stammen. Ein Griff in die rhetorische Trickkiste. Im Konsensitiven Verkaufen verläuft das Gespräch so:

Ihr Kunde: *„Sie sind sehr teuer."*
Sie, der Verkäufer: *„Ja, Sie haben Recht. Wir sind diesen Preis wert. Sie hatten vorhin erwähnt, dass es Ihnen wichtig ist, dass wir innerhalb von 4 h liefern und eine Reaktionszeit von 4 h haben, wenn es zu einem Ausfall der Maschine kommt. Sie wissen jetzt, dass wir genau diese wichtige Forderung von Ihnen erfüllen. Möchten Sie das?"*

Hier ist es schön, wenn Sie den „Nutzen" ausführen, zum Beispiel: schnelle Lieferzeit, Verschleißteile für ein Jahr, höhere Lebensdauer oder höhere Präzision. Alles das, was auf Ihr Produkt oder Ihre Dienstleistung zutrifft.

Das bedeutet für Sie: Stellen Sie sich selbst die Frage „Im Verhältnis wozu?", um die Antwort für Ihre eigene Überzeugung zu nutzen. Stellen Sie sie nur nicht Ihrem Kunden!

Sehr serviceorientiert oder kein Service

- Worin genau liegt die starke Serviceorientiertheit in Ihrem Unternehmen: Schnelle Lieferzeit? Leistungsstarker Help Desk? Großzügiges Reklamationsverhalten? Schnelle Reaktionszeiten?
- Welche Bedeutung hat Service in Ihrer Branche? Ist er selbstverständlich oder eher unüblich? Stellt er einen echten Nutzen für Ihren Kunden dar oder ist er mehr ein Add-on?
- Welchen Wert hat Ihr Service für den Kunden? Höher als der Nominalwert? Genauso viel wie der Nominalwert?

Nutzen Sie auch hier die Gelegenheit, sich ein umfassendes Bild von Ihrem Unternehmen und Ihrem Angebot zu machen, indem Sie alle Fragen beantworten und die Antworten notieren. Erstellen Sie wieder, wie bereits bei den Merkmalen für Qualität und Preis, eine Liste mit allen Beispielen, die den Service in Ihrem Unternehmen bzw. bei Ihrem Angebot darstellen. Auch hier bewerten Sie wieder mit Noten (1–5) und errechnen dann die Durchschnittsnote für Ihren Service.

Bei manchen Unternehmen oder Produkten ist der Service ein Teil des Produktes. „Inklusive Verpackung" kann zum Beispiel ein Teil des Angebotes sein, bei anderen Produkten ist dies dagegen ein Service, der entweder vom Kunden bezahlt wird und in exklusiver Version auch nur auf Wunsch des Kunden ausgeführt wird, oder eine stillschweigende Serviceleistung.

5.2 Stärken definieren den Markt

Immer wieder lese ich in den Angeboten meiner Kunden Sätze wie: „Lieferung frei Haus" (oder kostenlos) oder „Verpackung inklusive" (oder kostenlos). Bitte streichen Sie diese Formulierungen. Eine Lieferung kann nicht kostenlos sein. Sie wird dem Kunden nicht weiterberechnet, doch dann zahlen Sie die entstandenen Kosten. Also ist sie Ihrem Kunden gegenüber eine Serviceleistung. Damit sich Ihr Kunde dieses Services aber bewusst wird, sollten Sie den tatsächlich anfallenden Preis aufführen, um ihn dann, mit dem Hinweis auf den Service Ihres Hauses, zu

5.2 Stärken definieren den Markt

streichen. Dann taucht diese Position auch bewusst im Kopf unseres Kunden auf und er kann sie wertschätzen. Sie haben jetzt für Preis, Qualität und Service eine Note erarbeitet. Schreiben Sie diese untereinander:

- Preis:
- Qualität:
- Service:

Jetzt sehen Sie deutlich, wo Ihre Stärke am Markt liegt. Sie werden wahrscheinlich eine Bestnote haben, eine die eher gut oder eher weniger gut ist und eine „schlechteste" Note.

Jetzt sehen Sie, detailliert nachvollzogen, welche Stärken Sie im Verhältnis zum Markt haben. Aber nicht nur dass, Sie sehen auch, durch welche Leistungen sich diese Stärke auszeichnet. Angenommen, Sie sehen, dass der Preis Ihre größte Schwäche ist, weil Sie im Gegensatz zu vielen Mitbewerbern eher hochpreisig sind, so sehen Sie jedoch auch gleichzeitig, warum. Sie erkennen deutlich, dass Sie offensichtlich im Verhältnis zum Markt einen sehr guten Service oder eine herausragende Qualität oder von beidem sehr viel bieten.

Wenn Sie sich nun der Stärken Ihres Unternehmens, Ihres Produktes oder Ihrer Dienstleistung bewusst sind, stehen Sie zu diesen Stärken. Aber, und das ist fast noch wichtiger, auch zu den Bereichen, in denen Sie nicht die Stärksten sind.

Jetzt macht es natürlich keinen Sinn, sich ständig mit Mitbewerbern zu vergleichen, deren Stärken ganz woanders liegen. Es macht auch keinen Sinn, ständig Kämpfe um den Preis gewinnen zu wollen, wenn Ihre Stärke der Service oder die Qualität ist. Finden Sie durch Fragen (siehe dazu Kap. 9) heraus, worauf Ihr Kunde tatsächlich Wert legt, auch wenn im ersten Moment der Eindruck entsteht, es sei der Preis.

Sie haben sich selbst entschieden, wenn Sie Unternehmer sind, womit Sie herausragen wollen, bzw. wenn Sie angestellt sind, nachvollzogen, welche Nutzen die Stärken Ihres Angebotes haben. Die Stärken seines Angebotes zu kennen, bedeutet nun, zu eruieren, wer von Ihren Kunden diese Stärken nutzen will. In dem Moment, in dem Sie und Ihr Angebot die Lösung für das Problem Ihres Kunden darstellen, müssen Sie keine Überzeugungsarbeit leisten, sondern nur deutlich zeigen, dass Sie Ihren Kunden zufriedenstellen können.

Joachim Skambraks (2004, S. 24) schreibt in seinem Buch „30 min für den überzeugenden Elevator Pitch": „Schätzen Sie Ihren Markt so genau wie möglich ein. Wählen Sie kleinere Teilmärkte aus, die am schnellsten Erfolg versprechen."

Joachim Skambraks hat Recht. Je spitzer spezifiziert Ihr Nutzen für Ihren Kunden ist, desto genauer können Sie Ihre Kunden definieren und – das ist das Aller-

Abb. 5.1 Ein breites Portfolio ist eher schwer in den Markt zu bringen. Ein spitzes Portfolio durchdringt den Markt sehr viel schneller. (Dreieck: Portfolio, Strich: Mauer/Markt)

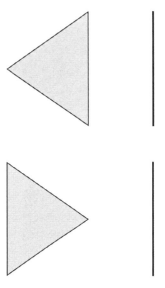

wichtigste – desto weniger Mitbewerber haben Sie. Damit unterliegen Sie weniger Preiskämpfen, werden auch von Ihren Kunden mehr auf Augenhöhe behandelt.

Gerade Einzelunternehmer versuchen oft, mit einem riesengroßen Portfolio ihre Kunden zu beeindrucken bzw. die Gruppe der potenziellen Kunden zu vergrößern. Das sieht dann so aus wie in Abb. 5.1.

Es ist immer schwieriger, mit einem breiten Gegenstand durch eine Mauer zu kommen als mit einem spitzen. Es kostet auch sehr viel mehr Kraft. Doch das Wichtigste dabei ist: Hinter der Mauer, also am Markt, sind am Ende trotzdem nicht mehr Kunden für Sie, als wenn Sie den Markt spitz und elegant durchdrungen hätten.

Dafür gibt es zwei Gründe. Zum einen ist Ihre Aktionszeit eingeschränkt. Vereinfacht ausgedrückt: Der Tag hat nur 24 h, und einige davon müssen Sie schlafen. Zum anderen: Je breiter Sie in Ihrem Portfolio auftreten, desto weniger werden Sie klar und definiert wahrgenommen. Hier wird es schwierig, als Experte oder Expertin den Markt zu beherrschen. Ein „Mädchen für alles" oder ein „Hans Dampf in allen Gassen" oder ein „Bauchladenträger" wird nicht so ernst genommen wie ein Spezialist in seinem Bereich.

Werden Sie zum „Hidden Champion", einem verborgenen Marktführer in Ihrer Branche, in Ihrer Stärke. Konzentrieren Sie sich auf Ihr Kerngeschäft. Durch diese Konzentration werden Sie, fast schon automatisch, in genau diesem Bereich zum

Spezialisten. Damit will und braucht Ihr Kunde Sie für genau den Bereich, für den Sie die Lösung seines Problems darstellen.

Wenn Sie Ihr Produkt sind, dann ist Ihre Persönlichkeit die Marke. Wie Sie diese Marke schärfen und für Ihren Markt sichtbar machen können, zeigt Ihnen Jon Christoph Berndt® (2012) in seinem Buch „Die stärkste Marke sind Sie selbst". Hier lernen Sie, Ihre Einzigartigkeit auf den Punkt zu bringen und für andere erlebbar und greifbar zu machen. Dadurch werden Sie unverwechselbar und die offensichtliche Lösung für das Problem Ihres Kunden. Nutzen Sie Ihre Möglichkeiten.

5.3 Graue Mäuse

Doch wie gehen Sie vor, wenn Sie als angestellter Verkäufer keinen Einfluss auf die Produkte oder Dienstleistungen Ihres Unternehmens haben? Und wenn sich gleichzeitig so viele Mitbewerber auf dem Markt tummeln, dass Sie das Gefühl haben, sich nur durch den „billigeren" Preis unterscheiden zu können?

Vor 24 Jahren arbeitete ich in einem IT-Unternehmen, das sich durch spezielle technische Lösungen stark vom Markt abhob. Im Rahmen einer Kooperation mit einem Druckerhersteller hatten wir uns verpflichtet, eine große Anzahl von Druckern zu verkaufen, die sich als graue Mäuse unter all den anderen grauen Mäusen dieser Druckergeneration entpuppten.

Der Drucker, ein Nadeldrucker, konnte bis zu drei Durchschläge verarbeiten, war genauso schnell wie seine Mitbewerber, genauso laut und unterschied sich nicht in seinem Preis. Sämtliche Add-ons waren optional und wurden extra berechnet. Die Drucker stapelten sich im Lager und fingen langsam an, zu verstauben. Nicht nur, dass sie die Liquidität behinderten, viel größer war die Gefahr des Preisverfalls. Damals wie heute wurde jede neue Generation von Hardware besser aber auch günstiger.

Es war also kein Wunder, dass mein damaliger Chef dem Vertrieb befahl, die Drucker müssen weg – respektive verkauft werden. Einer meiner Kollegen meinte damals: *„Das soll die Graupner machen, die liebt doch ihre Produkte so, mal schauen, ob sie hier etwas zum „Lieben" findet."*

Das war viel netter gemeint, als es klang. Ich nahm die Herausforderung an und erbat mir den Drucker mit all seinen Add-ons für eine Woche an meinen Arbeitsplatz. Ich testete und probierte, nicht nur das Drucken, auch das Tauschen des Papiers, den Austausch des Farbbandes, die Haltbarkeit des Farbbandes. Ich stellte mir die Frage, ob er zwar laut, aber angenehm laut sei. Doch egal wie viele rosarote Brillen ich trug, dieses Ding war nur eins: unangenehm schrill und laut.

Also nahm ich das Zubehör ins Visier. Da war sie, die Besonderheit, die Nischeneigenschaft unter all den vergleichbaren Druckern: der Einzelblatteinzug. Es war der einzige mir bekannte Drucker, bei dem ich ein Blatt einfach oben reinlegen konnte und er zog es ohne großen Firlefanz sauber ein und warf es wieder sauber aus. Blatt für Blatt. Heute kann man sich das nicht mehr vorstellen, aber damals war es etwas Besonderes.

Ich baute mein gesamtes Verkaufsgespräch auf den Einzelblatteinzug auf. Ich rief die Kunden an, von denen ich wusste, dass die Damen im Büro bei einzelnen Blättern immer noch gerne auf die Schreibmaschine zurückgriffen, weil sie hier das Papier leichter einlegen konnten. Alle wollten diesen Einzelblatteinzug. Ach ja, den Drucker, den bekamen sie natürlich dazu. Nur, über den wurde fast nie gesprochen. Keiner seiner Nachteile beziehungsweise keines seiner fehlenden Unterscheidungsmerkmale standen zur Diskussion. Auch der Preis wurde nie diskutiert. Hauptsache, nicht jedes dritte Blatt wurde schief eingezogen oder riss beim Auswurf.

Jetzt schauen Sie sich Ihr Produkt oder Ihre Dienstleistung einmal mit ganz neuen Augen an. Gehen Sie dabei davon aus, dass es ganz sicher etwas hat, das eine Nische füllt. Finden Sie diese Lösungsnische. Liegt sie im oder am Produkt selbst? Ist es die Qualität, festgemacht an einem Bild? Ist es ein Bereich im Service? Ist es ein Add-on? Finden Sie etwas zum „Lieben" oder in der heutigen Marketingsprache ausgedrückt: „Was bringt Sie an Ihrem Produkt zum Brennen?" Worüber können Sie schwärmen? Bei welchem Detail fangen Ihre Augen an zu leuchten?

Wenn Sie es schaffen, wieder mit einem Leuchten in Ihren Augen von Ihrem Produkt oder Ihrer Dienstleistung zu schwärmen und sei es noch so ein kleiner Bereich, dann haben Sie eine der wichtigsten Grundlagen für Konsensitives Verkaufen erreicht. Denn Verkaufen auf Augenhöhe bedeutet, dass auch Sie Ihr Produkt kaufen würden und dies offenen Herzens sagen können. Dann sprechen Ihr Körper und Ihre Augen für Ihr Produkt. Und nicht rhetorische Überzeugungstricks.

Erfolgsrezept

Sie sind erfolgreich mit diesen fünf Prinzipien:
1. Stellen Sie fest, in welchen der drei Stärken Sie stark sind: Qualität – Preis – Service.
2. Vergleichen Sie nie Äpfel mit Birnen.
3. Stehen Sie zu Ihren Marktstärken und konzentrieren Sie sich auf diese in Ihrer Präsentation.
4. Werden Sie zum „Hidden Champion", einem Spezialisten in Ihrem Bereich.
5. Brennen Sie für Ihr Produkt.

Literatur

Berndt, J. C. 2012. *Die stärkste Marke sind Sie selbst! - Das Human Branding Praxisbuch.* München: Kösel-Verlag.
Skrambraks, J. 2004. *30 min für den überzeugenden Elevator Pitch.* Offenbach: GABAL.

Kaltakquise: Wie Sie mit dem Verkaufen beginnen

6

▶ Einen Kunden zu betreuen, der seit Jahren mit uns verbunden ist, macht viel Freude. Doch damit es zu einer langjährigen Geschäftsbeziehung kommen kann, muss eine erfolgreiche Erstansprache gelingen. Wie steigen Sie erfolgreich in ein Erstgespräch ein und wie gelingt es Ihnen, dabei Spaß zu haben?

Wenn ich für mein Unternehmen neue Mitarbeiter für die Telefonzentrale oder den Vertriebsinnendienst suche, erhalte ich immer viele Anrufe von Frauen und Männern, die sich für die ausgeschriebene Position interessieren – solange sie keine Kaltakquise machen müssen. Hier herrscht bei den möglichen Mitarbeitern eine große Abneigung. Dabei kommen den Bewerbern Worte wie „jemandem etwas andrehen", „eine Dienstleistung aufzwingen", „Klinkenputzen", „belästigen" über die Lippen, und das sind noch harmlose Bezeichnungen, die für das Thema „Kaltakquise" benutzt werden.

Auch die Angst vor einem „Nein" und der Ablehnung der eigenen Person und des Angebotes ist groß. Die Befürchtung, sprachlos vor diesem „Nein" zu stehen und dann keine passende Antwort zu wissen, lähmt eine begeisterte Einstellung zum Verkauf sehr.

Auf die Frage: „Welche Erfahrungen haben Sie denn bereits mit dieser Art von Aufgabe gemacht?" kommt meistens eine der folgenden Antworten:

„Keine, jemand hat mir erzählt, wie schlimm das ist." Oder: „Nur schlechte. Ich weiß nicht, was ich sagen soll, der Angerufene lässt mich nicht aussprechen, es ist eine sehr unangenehme und frustrierende Art zu arbeiten."

Ich persönlich glaube, dass es eine sehr schöne und vor allem sinnvolle Aufgabe ist. Allein, wenn ich nur bedenke, wie viel Zeit ich mit der Vorabqualifizierung einer möglichen Kundenadresse per Telefon spare, im Gegensatz dazu, wenn ich ins Blaue hinein beim Kunden vor Ort vorfahren würde.

6.1 Was ist Ihr Ziel?

Eine wichtige Voraussetzung für eine erfolgreiche Erstansprache am Telefon ist, dass Sie sich über das Ziel dieser Aufgabe im Klaren sind.
Was wollen Sie? – Sie wollen herausfinden, ob Ihr Gesprächspartner Ihr Angebot braucht. Ob er es will. Jetzt. Von Ihnen. Welche Fragen müssen dazu geklärt werden?

„Braucht" oder „will" bedeutet, er hat ein Problem oder eine Vision, wie er eine bestimmte Herausforderung in seinem Arbeitsalltag einfacher, schneller, günstiger oder überhaupt gemeistert bekommt. Dies bedeutet, dass er grundsätzlich bereit ist, eine Anschaffung zu tätigen, oder ernsthaft in Erwägung zieht, es zu tun, wenn das Angebot ihn überzeugt.

„Jetzt" bedeutet, dass er diese Lösung zeitnah bekommen will. „Zeitnah" ist branchenabhängig. Es gibt durchaus Produkte oder Dienstleistungen, die von der Entscheidung zu kaufen bis zum unterschriebenen Auftrag Monate, vielleicht sogar ein oder zwei Jahre dauern können. Wobei Letzteres wirklich nur in ganz wenigen Branchen der Fall ist. Solche langen Prozesse sind dann jedoch in Ihrer Branche bekannt. In den meisten Fällen ist von der Willensäußerung „Ja, ich will" bis zur Unterschrift ein klar umrissener und überschaubarer Zeitraum üblich. Doch ohne dieses „Ja, ich will grundsätzlich" kommt oft überhaupt kein Auftrag zu Stande.

„Von Ihnen" bedeutet, er hat noch keinen Lieferanten dafür oder er ist mit seinem Lieferanten nicht zufrieden. Er kann und will also den Lieferanten wechseln oder einen neuen beauftragen.

Sie wollen keinen Terminmarathon – Sie wollen verkaufen
Sie akzeptieren ein „Nein" genauso wie ein „Ja". Wir wollen im Konsensiven Verkaufen nicht auf Teufel komm raus einen Termin, sondern wir wollen genau die Kunden treffen, die bereit sind zu kaufen.

Eine Grundvorraussetzung dafür ist, dass Sie den Einstieg in den telefonischen Erstkontakt kurz, präzise und klar formulieren. Dabei ist es wichtig, dass Sie den Einstieg in einem ganz neutralen Ton vortragen. Ganz so, als würden Sie nach dem Wetter fragen. Ruhig, gelassen und souverän.

Ruhig, gelassen und souverän ... puh! Leichter gesagt als getan. Wie bekommen Sie diesen Tonfall hin? – Indem Sie Ihrem Gesprächspartner die Chance geben, sich als Kunde zu qualifizieren. Wenn er einen guten Grund hat, nicht bei Ihnen, jetzt, kaufen zu wollen, ist das in Ordnung. Es ist kein Angriff gegen Sie oder Ihr Angebot. Es ist auch keine Aufforderung, einen Machtkampf auszutragen, ganz nach dem Motto: „Am Ende kriegen wir sie alle, wir müssen nur lang genug draufhauen." Diese Vorgehensweise würde Sie in die Gefühlswelt von „jemandem etwas andrehen", „eine Dienstleistung aufzwingen", „Klinkenputzen" oder „belästigen" bringen.

Im Laufe der letzten Jahre habe ich nur ganz wenige Produkte oder Dienstleistungen kennengelernt, die nicht die Verpflichtung in sich bargen, dass wir unsere Kunden über dieses Produkt oder diese Dienstleistung informieren müssen. Denn das Angebot erleichtert das Leben der Zielgruppe, steigert das Prestige oder ist auf eine andere Art und Weise für unsere Kunden nützlich. Daher muss der Kunde darüber informiert werden, dass es diese Lösung mit all ihren Vorteilen gibt. Ihr Kunde hat aber auch das Recht, diese Erleichterung oder diesen Problemlöser nicht nutzen zu wollen.

6.2 Vier Schritte zum Einstieg

1. Wer bin ich? (Vorstellung)
2. Was biete ich an? (Produkt oder Dienstleistung)
3. Was hat mein Kunde davon? (Produktnutzen)
4. Will mein Kunde mein Angebot? (Verpflichtung eingehen)

Diese vier Schritte sollten so kurz wie möglich und so lang wie nötig sein. Am besten notieren Sie Ihren Einstieg in den telefonischen Erstkontakt ganz einfach und prüfen aufgrund der nachfolgenden Hinweise, wo Sie am geeignetsten kürzen können.

1. Wer bin ich? (Vorstellung)
Hier sollte der Name Ihrer Firma kommen und natürlich Ihr eigener. Achten Sie darauf, auch Ihren Vornamen zu nennen. Sie sollten als Persönlichkeit mit einem guten Standing rüberkommen, und zur Persönlichkeit gehört auch der Vorname.

Geben Sie Ihrem Gesprächspartner die Chance, von Anfang an zu verstehen, wer Sie sind. Dazu braucht das menschliche Ohr drei bis fünf Sekunden. Diese füllen Sie am besten mit so genannten Füllwörtern: „Sie sprechen mit ...", „Hier ist die Firma ...", „Mein Name ist ..." oder Ähnlichem.

Sie, der Verkäufer: *"Guten Tag, Sie sprechen mit Armin Meyer, Firma Hinterseer."*

Manchmal sagen meine Teilnehmer in den Trainings: *"Dann klinge ich ja wie ein Call-Center."* Ich bin überzeugt davon, dass nicht die Wortwahl darüber entscheidet, ob Sie wie ein Call-Center klingen, sondern die Modulation der Sätze. Schon der Volksmund sagt: Der Ton macht die Musik. Wenn der Angerufene aufgrund Ihrer Modulation den Eindruck hat, er ist heute der 45ste, den Sie anrufen, dann darf er mit Recht irritiert sein. Egal, die wievielte Adresse Sie anrufen, geben Sie jedem Gesprächspartner das Gefühl, dass er heute Ihre erste Kontaktaufnahme ist.

Wenn Sie merken, dass Ihre Begeisterung und die Energie nachlassen, dann machen Sie eine Pause. Es hilft hier, vom Platz wegzugehen, sich einen Kaffee zu holen oder um das Haus zu spazieren. Sehr gut funktioniert die 50-min-Arbeitsstunde. 50 min telefonieren und 10 min Bewegung. Sie sind kein Call-Center mit Fließbandarbeit am Telefon. Sie führen eine anspruchsvolle Tätigkeit aus, bei der ein Teil Ihres Erfolges auch von Ihrer Stimme und deren Modulation abhängt. Konzentriertes und zielorientiertes Arbeiten ja, und gerade darum auch rechtzeitige Pausen.

2. Was biete ich an? (Produkt oder Dienstleistung)

Hier sagen Sie in einem Satz, was Sie anbieten. Sollte Ihr Unternehmen mehrere unterschiedliche Angebote haben, entscheiden Sie sich entweder für eines der Angebote oder einen Überbegriff. Je spitzer Ihr Angebot, desto besser. Dabei hilft eine vorherige Recherche, welche Bedürfnisse Ihrer Kunden Sie erfüllen sollten.

Beispiel: Sie sind Trainingsanbieter. Ihr Angebot umfasst: Verkaufstrainings, Teamtrainings, Präsentationstrainings usw. Wenn Sie sich jetzt für das Verkaufstraining als „spitzes Angebot" entscheiden, sollten Sie vorher geprüft haben, dass Ihr potenzieller Kunde auch über ein Vertriebsteam verfügt.

Sie, der Verkäufer: *„Wir sind ein internationales Trainingsunternehmen und bieten Ihnen ein Verkaufstraining an."*

Ein Satz! Das fällt vielen Verkäufern sehr schwer, denn es gäbe viel über das Unternehmen oder das Angebot zu sagen. Was passiert, wenn wir die Hälfte dessen, was wir eigentlich sagen möchten, weglassen? Sind wir dann überhaupt interessant für den Kunden? Keine Sorge, hier geht es erst einmal nur um den optimalen Einstieg. Und da gilt: Sagen Sie so viel wie nötig und so wenig wie möglich.

Was haben Sie bisher beim Einstieg im Vorstellungsteil gesagt? Falls noch nicht getan, notieren Sie es Wort für Wort. Wenn es bisher mehrere Sätze waren und es Ihr Ziel ist, am Ende mit einem Satz auszukommen, was können Sie weglassen?

Im Konsensitiven Verkaufen steckt das Wort „sensitiv", also Einfühlungsvermögen, und das brauchen Sie jetzt. Je erklärungsbedürftiger Ihr Angebot ist, je unbekannter Ihre Lösung am Markt ist, desto wichtiger ist es, dass Ihr Gegenüber Sie versteht – aber gleichzeitig darf er nicht mit einem Roman überfallen werden. Dafür hat er kein Ohr, nur sehr selten die Aufnahmebereitschaft (Sie rufen aus seiner Sicht überraschend an) und auch keine Zeit.

Kurz, knapp und verständlich – am besten, Sie probieren einige Varianten aus. Dazu nutze ich immer C- und D-Adressen. Also Adressen, die knapp aus meinem

Zielkundenprofil herausfallen. Wenn diese Ansprechpartner mich nicht verstehen, gilt dies auch für meine A- und B-Zielgruppe. Wenn Sie dauernd unterbrochen werden, ist der Einstieg zu lang.

3. Was hat mein Kunde davon? (Produktnutzen)
Wichtig ist, dass Sie die Chance haben, den Satz mit dem Nutzen für den Kunden unterzubringen, denn das ist die Hauptaussage beim Einstieg. Also weniger „Wir sind die Größten", sondern mehr „Dein Nutzen, lieber Kunde ist ..."

Hier ist es wichtig, maximal einen bis zwei Nutzen aufzuführen. Bereiten Sie sich auf diesen Punkt besonders gut vor. Nehmen Sie Ihre Liste von Vorteilen (Tatsachen) und Nutzen Ihres Unternehmens, Ihres Produktes oder Ihrer Dienstleistung und Ihrer Person als Verkäufer und Berater (Siehe Kap. 3).

Suchen Sie aus dieser Liste die drei Produktvorteile heraus, die Sie am meisten von Ihren Mitbewerbern abheben oder, noch besser, die am stärksten die Interessen Ihrer Kunden befriedigen. Erarbeiten Sie drei Einstiege in ein erstes Kontaktgespräch mit Ihrem Kunden, indem Sie jeweils einen Vorteil mit Kundennutzen einbauen. Danach testen Sie die jeweiligen Einstiege bei einer Reihe von Testkunden und schauen, welcher Einstieg am ehesten den Kunden anspricht.

Benutzen Sie später den erfolgreichsten Einstieg.

Sie, der Verkäufer: *„Ihr Nutzen dabei ist, dass Sie erfahren, wie Sie mit weniger Terminen mehr Umsatz machen."*

Auch hier gilt: Weniger ist mehr. Hier zählt die Qualität der Aussage, nicht die Quantität. Einen Gesprächspartner mit drei, vier oder gar fünf Nutzen beim Einstieg zu überfallen, hat keinerlei positive Wirkung. Das menschliche Gehirn kann diese Aufzählung in dieser Situation nicht so schnell aufnehmen und verarbeiten. Die Vorteile verpuffen ohne Wirkung.

Ein Nutzen – und der sollte den Gesprächspartner vom Stuhl reißen. Er sollte nach menschlichem Ermessen oder aus Ihrer Erfahrung ein wirkliches Argument für Ihre Kunden sein.

Bevor Sie zum Abschlusssatz kommen, zählen Sie bitte alle „ICHs" und alle „DUs" bei Ihrer Ansprache. „ICHs" sind Wörter oder Aussagen wie: wir – unsere Firma – Namen der Firma. „DUs" sind Wörter oder Formulierungen wie: Sie – Ihr Unternehmen – Ihre Mitarbeiter.

Gibt es ein Ungleichgewicht zugunsten der „ICHs", dann formulieren Sie um. Die „DUs" sollten im Vordergrund stehen, denn das ist es, was unseren Gesprächspartner interessiert. Wenn er erkennt, dass es um ihn geht und nicht um die Selbstbeweihräucherung des Anrufers, kann er auch entscheiden, ob er das Angebot nutzen möchte oder braucht oder aber, ob es genug Wert für ihn enthält, um es sich einmal näher anzusehen.

4. Will mein Kunde mein Angebot? (Verpflichtung eingehen)
Im Gegensatz zum klassischen Verkaufen ist es beim Konsensitiven Verkaufen entscheidend, ein klares Commitment vom Kunden zu erhalten. Auch ein „Nein" ist ein Commitment. Ihr Kunde ist ein erwachsener Mensch, im Vollbesitz seiner geistigen Kräfte und wahrscheinlich schon einige Jahre in seiner Position tätig. Er weiß, was er und sein Unternehmen zurzeit brauchen. Er ist fähig, zu entscheiden, ob Ihr Angebot grundsätzlich für ihn nützlich ist. Es ist Zeitverschwendung, zu versuchen, einem Eskimo einen Kühlschrank zu verkaufen oder dem Papst ein Doppelbett. Begegnen Sie Ihrem Kunden auf Augenhöhe. Das bedeutet nicht nur, dass Sie wertvoll sind und voller Selbstbewusstsein Ihr Produkt präsentieren. Das bedeutet auch, dass Sie Ihren Gesprächspartner in seiner Kompetenz anerkennen.

Verzichten Sie darauf, Ihren potenziellen Kunden überreden oder überzeugen zu wollen. Angenommen, Sie erhalten eine Tüte mit ganz unterschiedlichen Bonbonsorten: Schokoladenbonbons, Sahnebonbons, Himbeerbonbons, Karamellbonbons und vielen weiteren Sorten. Jetzt sollen Sie blind in die Tüte greifen und einzelne Bonbons herausholen, dabei erhalten Sie für jedes Himbeerbonbon, das Sie innerhalb einer Minute herausfischen, fünf Euro. Das erste Bonbon, das Sie nun erwischen, ist ein Schokoladenbonbon. Was werden Sie jetzt tun: Versuchen Sie, mich davon zu überzeugen, dass das Schokoladenbonbon in Wahrheit ein Himbeerbonbon ist, oder greifen Sie so lange in die Tüte, bis die Minute um ist, um so viele Himbeerbonbons wie möglich zu erwischen?

Warum versuchen Sie dann ständig, einem potenziellen Kunden, der „Nein" zu Ihrem Angebot sagt, zu beweisen, dass er ein „Himbeerbonbon" ist?

Sie, der Verkäufer: *„Möchten Sie dieses Training nutzen?"*

Klare Frage – klare Antwort. Wenn Ihr Kunde jetzt mit „das interessiert mich" antwortet, lesen Sie im Kap. 3 „Vereinbaren vor überzeugen" nach, wie es weitergeht.

Mit Klarheit in Ihren Fragen signalisieren Sie Ihrem Kunden: „Du bist mit mir auf Augenhöhe". Klarheit in den Antworten spart Zeit und Energie für beide, den Verkäufer und den Kunden. Außerdem danken es uns unsere Gesprächspartner, wenn wir nicht versuchen, sie mit rhetorischen Tricks zu manipulieren oder einen billigen Erfolg durch Einsatz von Phrasen zu erreichen.

Vor einiger Zeit saß ich bei einem Kunden, einem weltweit tätigen Logistikunternehmen, um mir für ein geplantes Training einen ersten Eindruck von der Vertriebsmannschaft zu verschaffen. Dabei saß ich mit den einzelnen Mitarbeitern side-by-side am Arbeitsplatz. Es war Bürotag und die Verkäufer telefonierten ihren Angeboten nach und riefen Neukunden an für eine Terminvereinbarung während der IT-Messe Systems.

6.2 Vier Schritte zum Einstieg

Beispiel: Wie Akquise nicht funktioniert

Kunde: *„Karl Wiese"*

Verkäufer: *„Guten Tag, Josef Caesar mein Name, von der Firma Geschwind. Herr Wiese, darf ich mich einmal vorstellen. Ich bin bei der Firma Geschwind zuständig für den Verkauf und die Kundenbetreuung, und wir sind weltweit tätig in Sachen Luft- und Seefracht sowie Logistik, und ich wollte Ihnen unsere Dienste auch gerne einmal anbieten. Ich habe auch nächste Woche am Mittwoch schon ein paar Termine auf der Systems mit anderen Kunden, und Sie sind ja auch da vertreten, stimmt's?"*

Kunde: *„Wir sind auch mit einem Messestand vertreten. Wir haben im Moment keinen echten Gesprächsbedarf und unseren Bedarf haben wir bereits abgedeckt. Sie dürfen aber gerne einmal eine Firmenpräsentation zuschicken. Ich lege diese dann ab, und sollte irgendwie einmal ein erhöhter Bedarf bestehen, dann würde ich mich bei Ihnen melden."*

Verkäufer: *„Ja, also Bedarf als solcher, sei es Luftfracht oder Logistik, besteht momentan nicht?"*

Kunde: *„Wir sind derzeit noch ein kleines Unternehmen, die Päckchen, die wir momentan versenden, dafür haben wir einen Paketdienst. Sollten wir irgendwann einmal expandieren, dann nehme ich gerne Kontakt mit Ihnen auf. Ihre Unterlagen gehen auch nicht verloren und ich würde mich dann melden."*

Verkäufer: *„OK, wo soll ich die Unterlagen hinsenden?"*

Kunde: *„An die E-Mail-Adresse: wiese@hofmanngmbh.com"*

Verkäufer: *„Wenn es um Luftfracht oder Logistik geht, was ist hier Ihr hauptsächliches Thema?"*

Kunde: *„Wir produzieren Steckkarten. Wir kaufen das Zubehör dafür über Händler ein. Sind aber logistisch gut aufgestellt."*

Verkäufer: *„Das heißt, Sie importieren das Zubehör?"*

Kunde: *Ja.*

Verkäufer: *„OK, verstehe ich Sie richtig, später, dass wenn Ihr Volumen größer ist, dass Sie dann planen, mit einem Logistikunternehmen zu arbeiten?"*

Kunde: *„Das könnte passieren."*

Verkäufer: *„Haben Sie auf der Systems einen großen Stand?"*

Kunde: *„Nein, 10 m²"*

Verkäufer: *„Was spricht dagegen, wenn ich vielleicht nächsten Mittwoch, wenn nichts los ist, einmal bei Ihnen vorbeischaue?"*

Kunde: *„Wie gesagt, es hilft uns bei unserem jetzigen Entwicklungsstand nicht, länger darüber zu sprechen. Ich kann sowieso nichts entscheiden und keine weiteren Speditionen aufnehmen. Für mich ist es wichtig, dass Ihre Kon-*

taktdaten nicht verlorengehen. Bitte senden Sie mir Ihre Kontaktdaten, damit ich diese an der richtigen Stelle ablegen kann."
Verkäufer: *(Stimme geht nach unten) „OK, dann lassen wir es dabei."*
Kunde: *„Alles klar – Danke schön!"*
Verkäufer: *„Auf Wiederhören!"*

Das ist ein wunderbares (übrigens reales) Beispiel für Gespräche, in denen das Ziel der Termin ist und nicht die Kundengewinnung. Übrigens gab es im Einstieg ohne den ersten Meldesatz sechs „ICHs" und nur zwei „DUs". Dem Verkäufer kann man auf alle Fälle Biss und Zähigkeit zusprechen. So schnell gibt er nicht auf. Doch scheinbar geht es nach dem ersten „Nein" des Kunden nicht mehr um das Verkaufen einer Dienstleistung. Es geht nur noch um das Gewinnen eines Rededuells. „Ich will diesen Termin, komme, was da wolle", scheinen die Gedanken des Verkäufers zu sein. Vielleicht ist sein nächster Gedanke: „Wenn ich erst einmal da bin, werde ich schon überzeugen und gewinnen."

Hier stellt sich die Frage: „Was?" Gewinnen Sie wirklich etwas? Oder ist es nicht eher so, dass der Verkäufer zwar fleißig wäre, aber doch nur Zeit verloren hätte. Zeit, die er viel effektiver für einen Kunden nutzen könnte, der seine Dienstleistung will.

Der Ansprechpartner ist offensichtlich noch zu klein und auch nicht der Entscheider. Will sich der Verkäufer vor Ort davon überzeugen, dass die Aussagen des Gesprächspartners stimmen, oder warum sollen beide Zeit in ein Gespräch investieren?

6.3 Schritt-für-Schritt-Anleitung für den gelungenen Einstieg

- „Guten Tag, Josef Caesar mein Name, von der Firma Geschwind."

Das ist grundsätzlich in Ordnung. Ich würde „mein Name ist" vor den Namen setzen, damit der Gesprächspartner sich drei bis fünf Sekunden an die Stimme gewöhnen kann, bis er den Namen hört und auch versteht.

- *„Herr Wiese, darf ich mich einmal vorstellen."*

Streichen! Zum einen handelt es sich um eine Floskel, zum anderen wird unser Gesprächspartner geradezu provoziert, „Nein" zu sagen. Wir leiten das „Nein" förmlich ein. Unser Gesprächspartner muss schon sehr höflich sein und auch ge-

6.3 Schritt-für-Schritt-Anleitung für den gelungenen Einstieg

rade tatsächlich Zeit haben, um diese Vorlage nicht für sich zu nutzen. Außerdem besteht hier keine Augenhöhe. Wenn Sie Ihren Gesprächspartner um Erlaubnis fragen, bringen Sie damit deutlich zum Ausdruck, dass er über Ihnen steht.

- *„Ich bin bei der Firma Geschwind zuständig für den Verkauf und die Kundenbetreuung ..."*

Wer Sie in Ihrer Detailfunktion sind, ist zu diesem Zeitpunkt in keiner Weise wichtig. Streichen.

- *„... und wir sind weltweit tätig in Sachen Luft- und Seefracht sowie Logistik ..."*

Das ist die wichtige Aussage. Die darf nicht untergehen.

- *„... und ich wollte Ihnen unsere Dienste auch gerne einmal anbieten."*

Das ist die Ankündigung dessen, was Sie gerade in diesem Moment tun. Also streichen.

- *„Ich habe auch nächste Woche am Mittwoch schon ein paar Termine auf der Systems mit anderen Kunden und Sie sind ja auch da vertreten, stimmt's?"*

Im Grunde genommen ist dies eine versteckte Anfrage nach einem gemeinsamen Termin. Und gleichzeitig auch Ihre Nutzenaussage. „Ich bin da! Und Du bist da!", na wenn das kein Grund zum Treffen ist ... Nun, Ihre Kunden sind immerhin aus demselben Grund auf der Messe wie Sie: Sie wollen etwas verkaufen oder zumindest Kundenpflege betreiben. Sie planen keine Termine mit x-beliebigen Menschen, vielleicht aber mit Lieferanten, von denen sie sich einen Nutzen versprechen.

Diesen Nutzen wollen unsere Gesprächspartner so schnell wie möglich hören.

Beispiel: Einstieg im Konsensitiven Verkaufen

Beispiel 1:
- *„Guten Tag, mein Name ist Josef Caesar, von der Firma Geschwind. Wir sind ein weltweit tätiges Luft- und Seefracht-Unternehmen und bieten Ihnen spezielle Logistiklösungen an. Sie sparen dadurch 5 % Ihrer Logistikkosten und 25 % Ihres Zeitfaktors ein. Möchten Sie diese Lösungen nutzen?"*

Beispiel 2:
- *„Grüß Gott, Sie sprechen mit Josef Caesar, von der Firma Geschwind. Wir sind ein weltweit tätiges Luft- und Seefracht-Unternehmen und bieten Ihnen spezielle Logistiklösungen an. Ihr Nutzen dabei ist, dass wir uns auf den asiatischen Markt spezialisiert haben (oder dass wir uns auf klein- und mittelständische Unternehmen spezialisiert haben). Möchten Sie ein Logistikunternehmen mit dieser Spezialisierung nutzen?"*

Klare und deutliche Sprache. Bei dem Kunden, Herrn Wiese, hätten wir wahrscheinlich mit den Nutzen „Einsparmöglichkeiten durch ein spezielles Logistiksystem" nicht gepunktet, da sein Volumen zu klein ist. Vielleicht würde ihn aber bei seinem Volumen unsere Spezialisierung auf klein- und mittelständische Unternehmen interessieren.

Übrigens habe ich für dieses Beispiel nicht das „schlechteste" Exemplar aus meinem Bestand herausgesucht. Nach der klassischen Methode „dranbleiben" und „Der Termin ist das Ziel" ist es eher eines der besseren Beispiele. Herr Caesar macht es wie 80 % aller Vertriebsmitarbeiter, er kümmert sich in 80 % seiner Zeit um die Kunden, die in 80 % der Fälle nicht kaufen werden.

Machen Sie es besser! Denken Sie daran, Sie haben ein Recht auf die Rosinen im Kuchen. Investieren Sie Ihre Zeit in die Kunden, die Ihr Angebot jetzt, von Ihnen, zu Ihren Konditionen wollen.

Erfolgsrezept

Sie sind erfolgreich mit diesen fünf Prinzipien:
1. Nutzen Sie die vier Schritte des Einstieges.
2. Formulieren Sie die vier Schritte so kurz wie möglich und so lang wie nötig.
3. Streichen Sie Wörter wie „darf" und „stören" aus Ihrer Kundenansprache, das macht Sie klein.
4. Erzählen Sie Ihrem Kunden einen echten Nutzen, etwas, von dem er wirklich einen Vorteil hat.
5. Achten Sie darauf, dass Sie mehr „DUs" als „ICHs" verwenden.

Wenn der Kunde „Nein" sagt 7

▶ Verkäufer hören immer wieder einmal ein „Nein" von ihrem Kunden. Doch es gibt unterschiedliche Arten, „Nein" zu sagen. Wie reagieren Sie auf Augenhöhe wenn Ihr Kunde „Nein" sagt? Und wann ist ein „Nein" eine erfreuliche Antwort?

Eine Mutter fährt mit ihrem Einkaufswagen durch die Regalstraßen des Supermarktes, an ihrer Hand ein Kleinkind. Auf einmal sieht das Kind das Süßigkeitenregal, reißt sich los und hat in Windeseile gleich mehrere Päckchen „eingekauft". Die Mutter sagt: „Nein, wir haben noch genug Schokolade zuhause." Das Kind tritt in die Verhandlung ein: „Mama! Nur das eine und noch das kleine." Es setzt eines seine besten Argumente ein: Große Augen und heruntergezogene Mundwinkel. Doch die Mutter bleibt konsequent: „Nein." Plötzlich ein markerschütternder Schrei: „Iiiiiiiich will aber ..."

Das Kind liegt auf dem Boden und strampelt mit den Beinen. Gleichzeitig läuft es rot an und wird immer lauter. Die Tränen spritzen nur so aus dem Gesicht. Alle, die zuschauen müssen, haben sofort das Gefühl, das Kind leide wirklich schreckliche Qualen.

So ist es auch, das Kind leidet – nein, nicht Hunger, sondern durch die Zurückweisung eines Bedürfnisses und auch wegen der Machtlosigkeit, nichts gegen dieses „Nein" unternehmen zu können. Dieses Ohnmachtsgefühl, vor einer Wand zu stehen und nichts daran ändern zu können. Es kann es einfach nicht fassen, dass die Mutter sein Bedürfnis nicht versteht.

Wie geht es Ihnen mit einem „Nein"? Werfen Sie sich auch auf den Boden, strampeln mit den Beinen, weinen und brüllen dabei laut los? Zumindest Letzteres, das Brüllen, passiert durchaus auch unter Erwachsenen öfters, besonders bei Menschen, die sehr impulsiv und temperamentvoll sind. Und das Weinen sieht man im Business-Alltag zwar meistens nur hinter den Kulissen, aber ganz so selten

© Springer Fachmedien Wiesbaden 2015
G. S. Graupner, *Verkaufe dein Produkt, nicht deine Seele*,
DOI 10.1007/978-3-8349-4727-7_7

ist es nicht. Auf den Boden werfen und strampeln? Das tun Sie nur höchst selten, richtig? Zwischen unserer Kindheit und dem heutigen Erwachsensein war etwas dazwischen, das nennen wir „Erziehung". Diese Erziehung hat uns gelehrt, mit einem „Nein" offensichtlich graduell gesitteter umzugehen. Doch innerlich trifft es uns immer noch genauso.

Warum? Ein „Nein" gibt uns das Gefühl, abgelehnt zu werden, egal in welcher Situation das passiert und egal wie rational vernünftig und nachvollziehbar wir die negative Antwort finden. Gerade im Umgang mit unseren Kunden trifft es uns umso mehr, weil automatisch ein materieller Verlust damit einhergeht, für die Firma oder gar direkt für uns selbst. Ein „Nein" ist ein Stoppschild: Wir können dann keinen Schritt weitergehen auf dem Weg zu unserem Erfolg.

7.1 Hauptsache „Ja"?

Wenn Sie einmal die Möglichkeit haben, Gespräche aufzuzeichnen, in denen der eine Gesprächspartner dem anderen mit einem „Nein" antwortet, dann hören Sie genau, wie die Stimme desjenigen, der das „Nein" kassieren muss, nach unten geht. Auch wenn sich die Person ihre Enttäuschung nicht anmerken lassen will, ist es mit etwas Übung ganz deutlich zu hören.

Deshalb wird in vielen Verkaufstrainings des klassischen Verkaufens die „Ja-Fragen-Straße" gelehrt. Der Verkäufer stellt dem Kunden eine Reihe von Fragen, die dieser mit hoher Wahrscheinlichkeit mit „Ja" beantwortet.

- *„Sie haben unsere Unterlagen erhalten?" „Ja."*
- *„Sie sind für den Vertrieb zuständig?" „Ja."*
- *„Es ist Ihnen wichtig, dass Ihre Produkte von hoher Qualität sind?" „Ja."*
- *„Sie wollen günstig einkaufen?" „Ja."*
- *„Vereinbaren wir einen Termin, damit Sie unser Angebot kennenlernen, ganz unverbindlich?" „Ja! Ja! Ja!"*

Dabei wird darauf geachtet, dass der Verkäufer den Rhythmus des Gesprächs bestimmt und die Fragen Schlag auf Schlag kommen.

Ein anderer Trick, der oft verwendet wird, um diese Ja-Strategie zu nutzen, sind Suggestivfragen:

- *„Glauben Sie auch, dass der Preis beim Kauf das wichtigste Kriterium ist?"*
- *„Sie haben doch sicher auch die Erfahrung gemacht, dass eine gute Qualität am Ende immer zählt, oder?"*
- *„Sparen ist doch auch für Sie immer wichtig?"*

Eine Suggestivfrage beeinflusst den Befragten, mit der Antwort einen vorbestimmten Aussageinhalt zu geben. Dabei wird auf das Denken, Fühlen, Handeln und Wollen eingewirkt und der Befragte davon abgehalten, eine rationale Antwort zu geben.

Viele Lehrer des klassischen Verkaufens erzählen, dass es mit diesen Methoden gelingt, den Kunden dazu zu bringen, bei der wichtigen Schlussfrage nach dem Termin automatisch mit „Ja" zu antworten. Sie manipulieren den Kunden damit und versuchen ihn trickreich zu einer Aussage zu bewegen, die er ganz sicher anschließend bereut.

Diese Vorgehensweise hat nichts damit zu tun, dem Kunden auf Augenhöhe zu begegnen. Außerdem funktioniert sie immer weniger, diese Techniken haben sich auch bei den Kunden herumgesprochen und diese fühlen sich zu Recht auf den Arm genommen.

Den klassischen Verkäufern, die diese Technik anwenden, ist nur der Abschluss wichtig. Die Beziehung zum Kunden und das Wohl des Kunden sind ihnen egal. Der Fokus ist kurzfristig, ja geradezu kurzsichtig. Auf Dauer bekommt ein Verkäufer mit diesen Techniken vor allem eines: Stress.

7.2 Was ein „Nein" wert ist

Wenn Sie also Ihrem Kunden auf Augenhöhe begegnen und auf diese Form von Tricks verzichten, stellt sich immer noch die Frage: „Wie gehen Sie mit einem „Nein" als Antwort Ihres Gesprächspartners um?"

In einem Forum bei Xing wurde von einem Forumsmitglied folgender Text zum Thema „Mein Kunde sagt Nein" geschrieben:

- *„Frust gibt es nur, wenn ich Misserfolge persönlich nehme, aber es geht meist „nur" um die Sache."*

Damit hat er vollkommen Recht, das ist es, was Sie nicht tun sollten: Nehmen Sie ein „Nein" nicht persönlich. Das ist leicht gesagt, aber wie geht das?

Machen Sie sich klar. Das „Nein" ist eine gute Nachricht. Denn es ist besser als jedes: *„Senden Sie uns einmal Ihre aussagekräftigen Unterlagen, wir sehen dann weiter"*. Hier hängt Sie Ihr Kunde an die lange Leine. Diese lange Leine kostet Sie Zeit, Energie und nährt eine trügerische Hoffnung. Außerdem ist sie eine der effektivsten Methoden, einen Verkäufer mundtot zu machen. Denn in dem Moment, in dem dieser Satz fällt, wissen beide, der potenzielle Kunde und auch der Verkäufer, dass das Gespräch gleich zu Ende ist. Noch schnell die Daten vergleichen, sich bedanken und schon ist es vorbei. Der Kunde hat ein gutes Gefühl, er war nett und hat nicht direkt „Nein" gesagt, und der Verkäufer freut sich, er hat nämlich etwas erreicht. Der Fuß ist in der Tür. So scheint es! Doch für Füße in Türen werden Sie nicht bezahlt, sondern für Abschlüsse. Ihre Aufgabe ist es, Aufträge zu gewinnen, Umsatz zu machen, nicht Unterlagen zu versenden. Denn es bringt ja nichts: Plötzlich befindet sich Ihr Ansprechpartner nur noch auf Dienstreise und ist nicht mehr für Sie zu erreichen. Warum wohl?

Nein, ein klares „Nein" ist eine wichtige Aussage. Sie gibt Ihnen die Freiheit, sich dem nächsten Kunden zuzuwenden. Ein deutliches „Nein" nützt Ihnen mehr als ein „Vielleicht". Ein „Nein" ist keine Einladung zu einem Zweikampf, bei dem der Kunde oder der Verkäufer als Sieger hervorgehen können. Ein Kunde, der Ihnen ein deutliches „Nein" schenkt, wenn er nicht bereit ist, Ihr Produkt zu Ihrem Preis heute zu kaufen, behandelt Sie auf Augenhöhe und gibt Ihnen die Möglichkeit und die Freiheit, Ihre Energie auf wirklichen Kunden zu lenken. Nutzen Sie diese Freiheit.

Ein „Nein" bleibt ein „Nein". Die emotionale Wirkung der Zurückweisung wird bleiben, das können Sie nicht ändern, Sie sind auch nur ein Mensch. Ein „Nein" ist kein Angriff gegen Sie. Es ist ein Veto für den, der das „Nein" ausspricht. Er versucht sich damit zu schützen. Der Schlüssel, damit so umzugehen, dass es Ihnen nicht mehr alle Energie raubt, liegt in einer Umdeutung: Wenn Sie das Gute in jedem „Nein" sehen, verlieren Sie nicht nur Energie, sondern Sie bekommen mindestens genauso viel Energie zurück. Sagen Sie jedes Mal innerlich „Danke!", wenn Sie ein „Nein" erhalten, denn es ist eine große Hilfe für Ihren Job. Denken Sie einfach: Ein „Nein" ist ein Wort mit vier Buchstaben. Die Wirkung bestimmen Sie!

7.3 Wie viel Sie mit jedem „Nein" verdienen

Wenn Sie einen Auftrag erhalten, wie viel Umsatz machen Sie dann durchschnittlich? Sagen wir für unser Beispiel 3000 €. Um einen Auftrag zu erhalten, wie viele Telefongespräche mit Entscheidern brauchen Sie dazu? Nehmen wir an zehn Gespräche. Das bedeutet, dass im statistischen Mittel neun Gesprächspartner „Nein" sagen und einer „Ja". Der Umkehrschluss zeigt damit, dass Sie mit jedem „Nein" in unserem Beispiel 300 € verdienen. Dieses Beispiel können Sie so weit herunterbrechen, bis Sie genau wissen, wie viel Euro Sie mit jedem Griff zum Telefon verdient haben.

Rechnen Sie sich den Wert eines „Nein" in Ihrem Verkaufsalltag aus? Sie werden sehen, es lohnt sich. Mir hat früher diese Vorgehensweise sehr geholfen. Sie macht deutlich, dass in jedem „Nein" ein Wert steckt. Versehen mit einer Zahl ist es leichter, sich darüber zu freuen.

Seit ich das Konsensitive Verkaufen einsetze, komme ich mit einem „Nein" sehr gut zurecht, weil mir dadurch klar geworden ist, dass es nicht meine Aufgabe ist, den Kunden umzudrehen. Ich vergewissere mich, ob mein Kunde sein „Nein" so gemeint hat, wie ich es verstanden habe. Wenn ja, ist das in Ordnung und ich kann mich dem nächsten potenziellen Kunden zuwenden. Wenn nein, dann klären wir das Missverständnis. Ich muss nicht mehr kämpfen. Sie müssen auch nicht mehr kämpfen!

> **Beispiel: Ein „Nein" entgegennehmen**
> **Sie, der Verkäufer:** *„… Ihr Nutzen dabei ist, dass Sie erfahren, wie Sie mit weniger Terminen mehr Umsatz machen. Möchten Sie dieses Training nutzen?"*
> **Ihr Kunde:** *„Nein, wir sind nicht interessiert."*
> **Sie, der Verkäufer:** *„Habe ich Sie richtig verstanden? Sie möchten keine Trainings für Ihre Mitarbeiter nutzen? Ein „Nein" ist vollkommen in Ordnung."*

7.4 Wie Sie ein „Nein" zu Ihrem Vorteil nutzen

In 95 % der Fälle kommt jetzt eine Form von Schmunzeln durch das Telefon. Sie können es deutlich hören. Dabei entspannt sich Ihr Gesprächspartner. Er spürt, dass Sie nicht mit ihm kämpfen wollen. Anschließend gibt es zwei Arten von Antworten: Entweder er wiederholt sein „Nein" strikt und ohne Angaben von Gründen oder er antwortet mit einer Art „Hm. Nein, warten Sie, grundsätzlich schon interessant, aber …." oder „Nein, brauchen wir nicht, weil…".

Bei einem klaren „Nein" gehe ich aus dem Gespräch sofort heraus, nachdem ich geklärt habe, ob ich ihn weiterhin mittels unseres Newsletters über interessante Kommunikationstipps informieren soll. Hier kommt in den meisten Fällen ein „Ja". Dann: Verabschiedung. Fertig. Nächster Kunde.

Das „Ja" zum Newsletter kommt deshalb so häufig, weil hier das Prinzip „Große Bitte – kleine Bitte" sehr gut funktioniert. Dieses Phänomen beschreibt Robert Cialdini in seinem Buch: „Die Psychologie des Überzeugens". Cialdini (2013, S. 72) schreibt hier:

> Nehmen wir an, Sie wollen, dass ich Ihnen eine Bitte erfülle. Eine Möglichkeit, Ihre Chance zu verbessern, dass ich tue, was Sie wollen, ist, an mich eine Bitte um etwas Größeres zu richten, eine Bitte, der ich wahrscheinlich nicht nachkommen werde. Dann, nachdem ich die Bitte abgeschlagen habe, bringen Sie die kleinere Bitte vor, diejenige, an der Sie von Anfang an interessiert waren. Vorausgesetzt, die Bitten sind geschickt formuliert, werde ich die zweite als Zugeständnis an mich betrachten und sollte nun geneigt sein, meinerseits mit einer Konzession zu reagieren – der Erfüllung Ihrer zweiten Bitte.

In unserem Beispiel war die „große" Bitte, dass der Kunde sich für unser Angebot interessiert. Unser Angebot findet jedoch zurzeit nicht sein Interesse. Dadurch, dass wir jetzt nicht anfangen, mit dem Kunden zu diskutieren, sondern gelassen reagieren und er damit das Gefühl hat, dass wir ihm entgegengekommen sind, gleichzeitig eine „kleinere" Bitte nachschieben, fühlt er sich im Gegenzug verpflichtet uns einen Gefallen zu tun. Er kommt deshalb unserer „kleineren" Bitte nach, unseren Newsletter zu abonnieren und gibt uns dazu sogar seine persönliche E-Mail-Adresse.

Cialdini hatte bei seinen Experimenten eine Steigerung der Erfolgsquote von 17 auf 50 % – in meinem speziellen Fall „Angebot vs. persönliche Adresse für Newsletter" liegt der Erfolg sogar noch höher, bei circa zwei Drittel meiner Gesprächspartner.

Den Newsletter wollen fast alle haben. Die Gesprächspartner sind meistens neugierig. Sie wollen schon herausfinden, was dahinter steckt. Daran, dass sie momentan keinen Bedarf haben, hat sich nichts geändert. Sie spüren aber auch, dass ihre Antwort ernst genommen wurde und sie nicht kämpfen mussten. Das bedeutet für sie, dass sie ihre E-Mail-Adresse für einen Newsletter ohne Gefahr herausgeben können. Sie spüren: Hier werde ich nicht übers Ohr gehauen.

Damit werden diese Kontakte in ein Marketingsystem gepackt und die Ansprechpartner durch Newsletter und Briefmailings immer wieder einmal an uns erinnert. Sie können dann bei Bedarf selbständig auf uns zukommen. Zu einem späteren Zeitpunkt, vielleicht nach sechs Monaten oder einem Jahr, fragen wir wieder nach.

Bei der Antwort „Hm. Nein, warten Sie ..." gibt es verschiedene Begründungen, die nun folgen. Eine Begründung könnte sein: „Nein, weil wir zurzeit mit anderen wichtigen Themen beschäftigt sind." Im Konsensitiven Verkaufen nehmen Sie jetzt den Teil der Antwort heraus, der für Sie positiv ist. Das Beispielgespräch sieht dann so aus:

Beispiel: „Zurzeit nicht"

Ihr Kunde: *„Nein, weil wir zurzeit mit anderen wichtigen Themen beschäftigt sind."*

Sie, der Verkäufer: *„Ich habe Sie richtig verstanden, das Thema Training ist in Ihrem Hause wichtig, aber erst später wieder aktuell?"*

Ihr Kunde: *„Ja, wir führen gerade eine neue Software ein. Wenn das abgeschlossen ist, kann ich mich wieder um Trainingsmaßnahmen kümmern."*

Sie, der Verkäufer: *„Wann wird das sein?"*

Ihr Kunde: *„In drei Monaten."*

7.4 Wie Sie ein „Nein" zu Ihrem Vorteil nutzen

Sie, der Verkäufer: *„Das bedeutet, im September sind Sie bereit, mit mir über Trainingsmaßnahmen für Ihr Unternehmen zu sprechen?"*
Ihr Kunde: *„Ja, gerne."*

Im Konsensitiven Verkaufen respektieren Sie die Antworten Ihres Kunden. Sie gehen davon aus, dass Ihr Kunde die Wahrheit sagt, wenn er von einer Softwareumstellung spricht oder einer anderen anspruchsvollen Aufgabe, die er zuerst erledigen muss. Ich habe immer wieder erlebt, dass Kunden, nachdem ich ihre Antwort akzeptiert hatte, noch viel über ihre derzeitige Situation oder über später geplante Aktionen erzählt haben. Es kommt immer wieder vor, dass wir am Ende des Gespräches schon Trainingstage für den späteren Zeitpunkt fixiert haben, bevor überhaupt das Gespräch zum Kennenlernen stattgefunden hatte.

Wie Sie Ihren Gesprächspartner achten
Die Augenhöhe im Gespräch mit dem Kunden zu wahren, macht aus potenziellen Kunden echte Partner, die auch Sie als Verkäufer auf Augenhöhe behandeln. Und das ist wunderbar!

Sehr oft wird es Ihnen gelingen, den nächsten Telefontermin bereits fest zu vereinbaren. In unserem Beispiel geht es um einen Telefontermin im September.

> **Beispiel: Der Folgetermin**
>
> Ihr Kunde hat Ihnen soeben bestätigt, dass das Thema Training im September wieder aktuell ist und er dann auch gerne mit Ihnen darüber spricht. Das Telefongespräch geht dann folgendermaßen weiter:
> **Ihr Kunde:** *„Ja, gerne."*
> **Sie, der Verkäufer:** *„Gibt es Tage, an denen Sie im September im Urlaub oder auf einer Dienstreise sind?"*
> **Ihr Kunde:** *„Die erste Woche bin ich nicht da. Den Rest des Monats aber voraussichtlich im Hause."*
> **Sie, der Verkäufer:** *„Welcher Wochentag eignet sich denn voraussichtlich für ein Telefongespräch oder ein Gespräch vor Ort erfahrungsgemäß am besten?"*
> **Ihr Kunde:** *„Der ruhigste Tag ist meistens der Mittwoch."*
> **Sie, der Verkäufer:** *„Vormittags oder nachmittags, was ist Ihnen lieber?"*
> **Ihr Kunde:** *„Nachmittags."*
> **Sie, der Verkäufer:** *„Ich rufe Sie also am Mittwoch, den 08. September, um 15.00 Uhr an."*
> **Ihr Kunde:** *„Das können Sie so machen."*

Sie, der Verkäufer: *„Ich habe mir unseren Telefontermin eingetragen. Geben Sie mir bitte Ihre E-Mail-Adresse, dann kann ich den Termin bestätigen und Sie haben die Möglichkeit, mir rechtzeitig Bescheid zu geben, wenn Sie etwas Unvorhergesehenes daran hindert, den Termin wahr zu nehmen."*
Ihr Kunde: *„Meine E-Mail-Adresse lautet: armin.meyer@hinterseer.de"*
Sie, der Verkäufer: *„Ich sende Ihnen die Terminbestätigung, mit einem Link zu unserer Internetseite und meinen Kontaktdaten. Bis zum September wünsche ich Ihnen viel Erfolg bei der Softwareumstellung."*
Ihr Kunde: *„Vielen Dank! Auf Wiederhören."*

Wie geht es jetzt im September weiter? Aus meiner Erfahrung gibt es folgende Möglichkeiten:
Möglichkeit 1: Der Kunde „vergisst" den Telefontermin.
Das kommt vor. Aber selten. Vielleicht im Verhältnis 1:20. Hier schreibe ich dann eine E-Mail, die darauf hinweist, dass wir einen Termin hatten und ihm wahrscheinlich etwas dazwischen gekommen ist. Dann bitte ich meinen Gesprächspartner, mir einen alternativen Termin zu nennen oder ganz offen zu sagen, wenn sich sein Bedarf an Trainings geändert hat. In mehr als der Hälfte der Fälle bekomme ich eine Antwort.
Möglichkeit 2: Der Kunde sendet mir einige Zeit davor eine E-Mail, um den Termin zu verschieben oder, ganz selten, ihn abzusagen.
Diese E-Mails zeigen mir, dass der Kunde den Termin genauso ernst genommen hat wie ich. Das heißt, der Kunde ist mir auf Augenhöhe begegnet und wir finden per E-Mail einen Alternativtermin. Sollte eine Absage gekommen sein, wird der Kunde in das Marketingsystem gepackt und zu einem späteren Zeitpunkt wieder angerufen.
Möglichkeit 3: Der Termin findet statt.
Hier ist es jedes Mal sehr angenehm, da die Kunden sich in vielen Fällen auch auf das Telefonat vorbereitet haben. Entweder sie haben unsere Internetseiten angesehen oder sich einige Fragen notiert, die sie vorab klären möchten, um anschließend einen Termin vor Ort zu vereinbaren. Oder beides.

7.5 Weitere Arten von „Nein"-Antworten

Eine Begründung Ihres Kunden nach Ihrer Frage, ob Sie das „Nein" wirklich richtig verstanden haben, kann sein: *„Nein, weil wir bereits einen Lieferanten haben."* Jetzt kommt es darauf an, um welches Produkt es bei Ihnen geht. In der Trainingsbranche ist es eher unwahrscheinlich, dass ein Kunde mit zwei Anbietern arbeitet,

7.5 Weitere Arten von „Nein"-Antworten

die das gleiche Portfolio haben. Also ist es am besten, diesen Kontakt in Ihr Marketingsystem zu packen. In der Industrie gibt es fast immer einen Hauptlieferanten und einen Zweitlieferanten. Der Aufbau eines Lieferanten dauert oft bis zu einem Jahr. Der Zweitlieferant wird strategisch genutzt, für den Fall, dass der Hauptlieferant ausfällt. Hier wäre dann Ihre Reaktion folgendermaßen:

> **Beispiel: Zweite Wahl**
>
> **Ihr Kunde:** *„Nein, weil wir bereits einen Lieferanten haben."*
> **Sie, der Verkäufer:** *„Sie nutzen zur Produktion in Ihrem Hause Siebschablonen. Die meisten unserer Kunden nutzen für die Siebschablonen einen Hauptlieferanten und einen Zweitlieferanten. Ist das auch in Ihrem Hause so üblich?"*
> **Ihr Kunde:** *„Ja, das ist bei uns auch so. Zurzeit testen wir einen Zweitlieferanten."*
> **Sie, der Verkäufer:** *„Bei uns erhalten Sie Siebe, die bei der Produktion weniger als 10 µm (mü) Abweichung im Druckbild haben. Sind Sie an solch hochqualitativen Sieben für Ihre Produktion interessiert?"*
> **Ihr Kunde:** *„Das könnte interessant sein."* (...)
> **Sie, der Verkäufer:** *„Bedeutet das, Sie möchten unsere Siebe kennenlernen?"*
> **Ihr Kunde:** *„Ja, das könnte interessant sein?"*
> **Sie, der Verkäufer:** *„Angenommen, wir haben genau die Siebe, die Sie für Ihre Produktion brauchen, was werden Sie dann tun?"*

Es bleibt auch hier dabei, sich ein Commitment vom Kunden einzuholen. Er sollte echtes Interesse zeigen und grundsätzlich bereit sein, Sie als Zweitlieferanten einzusetzen. Solange Ihr Kunde Fragen positiv beantwortet, solange fragen Sie weiter. Im klassischen Verkaufen haben Sie ihn nach der ersten positiven Reaktion sofort mit Ihren Produktvorteilen überschüttet. Im Konsensitiven Verkaufen fragen Sie, fragen Sie und fragen Sie – bis Ihr Kunde mit einem klaren „Ja" oder „Nein" antwortet.

Sehr oft erhalten wir von unseren Kunden nicht wirklich eine Antwort auf unsere Frage. Sie antworten zwar, jedoch mit einer Aussage, die nicht wirklich im Zusammenhang mit unserer Frage steht. Wie sich das anhört? Angenommen, Sie wollen bei einer potenziellen Adresse den Entscheider erfahren, um ihm Ihr Angebot anzubieten.

> **Beispiel: Räuspern**
>
> **Sie, der Verkäufer:** *„Entscheiden Sie in Ihrem Unternehmen mit, ob und mit wem Trainingsmaßnahmen durchgeführt werden?"*
> **Ihr Kunde:** *„Wir sind nicht interessiert."*
> Das ist keine Antwort auf Ihre Frage. Das ist ein, in den meisten Fällen, unbewusster Rhetoriktrick, eine Frage misszuverstehen. Zeigen Sie hier keine direkte Reaktion, sondern wiederholen Sie einfach Ihre Frage:
> **Sie, der Verkäufer:** *„Habe ich Sie richtig verstanden? Sie sind für die Auswahl von Trainern und Trainingsinhalten in Ihrem Unternehmen verantwortlich oder ist das ein Kollege von Ihnen?"*

Erst wenn dieser Punkt geklärt ist, macht es Sinn, in ein Verkaufsgespräch, wie in Kap. 6 beschrieben, einzusteigen. In den meisten Fällen erhalten Sie nun die gewünschte Antwort. Es ist durchaus möglich, dass dies in einem unfreundlichen Ton geschieht, aber Sie wissen jetzt, woran Sie sind. Wenn Ihr Gesprächspartner nicht der Entscheider ist, können Sie sich höflich verabschieden. Sie starten dann erneut mit einem Anruf bei dem gewünschten Gesprächspartner.

Viele Reaktionen unseres Kunden sind eher wie ein Räuspern zu verstehen und nicht wie eine echte Antwort. Immer dann, wenn unser Kunde nicht wirklich auf unsere Frage antwortet, räuspert er sich. Hier ist es wichtig, nicht auf die Antwort zu reagieren und nicht von unserem Ziel, der Antwort auf unsere Frage, abzukommen. Wiederholen Sie Ihre Frage mit anderen Worten, aber konsequent, bis Sie eine echte Antwort auf Ihre Frage erhalten haben. Das erfordert Mut und ein echtes Standing. Besonders da Ihre Stimme weiterhin neutral bleiben soll. Sie brauchen dazu ein wenig Übung, doch von Mal zu Mal geht es einfacher und es gibt Ihnen ein gutes Gefühl, wenn Ihre Reaktionen nicht von Ihrem Gesprächspartner beeinflusst werden. Sich nicht abkanzeln zu lassen und dann eingeschnappt zu reagieren, ist die Basis für eine Kundenbeziehung auf Augenhöhe.

7.6 Wie Sie mit Auflegern umgehen

Es passiert, dass Ihr Gesprächspartner sein *„Wir sind nicht interessiert"* wiederholt und einfach auflegt. Ihr Gesprächspartner hat sich damit selbst aus dem Gespräch ausgeschlossen, als Gesprächspartner und auch als Nutznießer Ihres Angebotes. Warum machen Menschen so etwas? Ich kenne zwei Gründe.

Erstens: Es ist ein Ausdruck von Hilflosigkeit. Ihr Gesprächspartner empfindet Ihren Anruf als Angriff und hat Angst, dass er sich nicht dagegen wehren kann. Er

7.6 Wie Sie mit Auflegern umgehen

wählt den kürzesten Weg, Sie loszuwerden. Er kappt die Verbindung. Kein sehr professionelles Verhalten, doch seine Entscheidung.

Zweitens: Es ist ein Ausdruck von Verärgerung. Nur, und das ist wichtig: Der Ärger richtet sich gar nicht gegen Sie persönlich. Er kennt Sie ja überhaupt nicht und hat wahrscheinlich nicht einmal richtig verstanden, wer Sie sind und was Sie wollen. Er hat nur erkannt, dass Sie „etwas" von ihm wollen und er hat das Gefühl, damit die Berechtigung zu haben, auf Sie verbal einzuschlagen. Sie sind sein Punchingball. Dies funktioniert gerade deshalb so gut, weil Sie und er anonym sind, sich nicht kennen. Deshalb ist es schon richtig, dass er es nicht persönlich meint. Persönlich können wir nur jemanden angreifen, den wir kennen. Doch das ist überhaupt nicht das Ziel dieser harschen Reaktion des Gesprächspartners. Gerade die Anonymität ist die Basis für sein Verhalten. Denken Sie daran: Jeder Kunde hat sein Privatleben und seine persönlichen Herausforderungen! Es steht uns nicht zu, das zu beurteilen. Wir müssen uns lediglich angemessen dagegen schützen.

Ich schütze mich bei solchen Gesprächspartnern immer damit, dass ich mir vorstelle, welch ein armer Mensch das gerade war: Sein Sohn fällt dieses Jahr durchs Abitur. Sein Hund wurde gestern von einem Laster überrollt. Seine Frau droht mit Scheidung und sein Chef meinte, wenn sich nicht bald etwas in seiner Abteilung bewegt, kann er sich durchaus eine andere Person auf diesem Stuhl vorstellen. ... Und jetzt komme ich mit meinem Anruf und will auch noch etwas von ihm, kein Wunder, dass er durchdreht.

Doch die Welt dreht sich weiter und eine Woche später sieht sie wieder ganz anders aus. Auch für unseren armen Aufleger. Probieren Sie es einige Tage später noch einmal, entweder er ist jetzt ein normaler Gesprächspartner oder er reagiert wie beim ersten Mal. Und das ist wirklich selten der Fall, glauben Sie mir. Sollte er allerdings tatsächlich wieder so reagieren, gibt es nur eines: loslassen. Diese Firma ist nicht Ihr Kunde! Sollte er jedoch tatsächlich auf Ihrer Kundenwunschliste Nummer 1 sein, dann gibt es eine weitere Möglichkeit. In dem Moment, in dem er auflegt, rufen Sie wieder an und sagen: *„Entschuldigen Sie bitte, die Telekom hat uns getrennt"*. Anschließend sprechen Sie weiter, als wäre nichts geschehen. Die meisten „Aufleger" sind so perplex, dass sie erste einmal mit Ihnen normal weitersprechen. Vereinzelt steht der Aufleger jedoch zu seiner „Tat" und antwortet Ihnen: *„Nein, das war ich..."* Meine Antwort: *„Vielen Dank, dass Sie das so offen sagen. Was macht Sie so wütend?"* In meinen dreißig Jahren Verkaufserfahrung ist das immer wieder mal passiert und es kamen interessante Gespräche zustande.

Wichtig ist hier, dass es sich um sehr seltene Fälle handelt. Das ist kein Alltag, das sind Ausnahmen.

Konsensitives Verkaufen bedeutet, sich auf die Kunden zu konzentrieren, die Ihnen auf Augenhöhe beggnen und Ihr Produkt zu Ihrem Preis zeitnah kaufen wollen.

> **Erfolgsrezept**
>
> Sie sind erfolgreich mit diesen fünf Prinzipien:
> 1. Begegnen Sie Ihrem Gesprächspartner auf Augenhöhe und lassen Sie Manipulationen wie Ja-Fragen-Straße und Suggestivfragen weg.
> 2. Nutzen Sie ein klares „Nein" als Freiheit, sich um den nächsten Kunden zu kümmern.
> 3. Prüfen Sie, ob Sie das „Nein" Ihres Kunden richtig verstanden haben.
> 4. Signalisieren Sie Ihrem Kunden, dass ein „Nein" in Ordnung ist.
> 5. Unterscheiden Sie bei der Antwort Ihres Kunden, ob es sich um ein Räuspern handelt oder um eine tatsächliche Antwort auf Ihre Frage.

Literatur

Cialdini, R. B. 2013. *Die Psychologie des Überzeugens*. Bern: Hans Huber.

Vertrauen aufbauen 8

▶ Machen Sie keine Geschäfte mit Kunden, denen Sie nicht vertrauen. Eine vertrauensvolle Basis ist einer der wichtigsten Aspekte, um einem Kunden auf Augenhöhe zu begegnen. Vertrauen zwischen Kunden und Lieferanten, wie ist das möglich?

Sie sind beim Kunden angekommen. Stehen vor seiner Tür und werden in Kürze mit ihm sprechen. Wie werden Sie in dieser Phase des Verkaufsgespräches durch das Konsensitive Verkaufen erfolgreicher? Was soll und wird jetzt passieren? Dazu sind vier Schritte nötig:

- *Schritt 1:* Sie prüfen, ob sich seit der Terminvereinbarung etwas an der Situation des Kunden oder seinem Commitment geändert hat.
- *Schritt 2:* Sie bauen eine gegenseitige vertrauensvolle Basis auf. In diesem Kapitel werde ich Sie Schritt für Schritt durch diesen Aufbau führen.
- *Schritt 3:* Danach klären Sie, welche Bedeutung die Zusammenarbeit mit Ihnen als Lieferant und die Investition in Ihre Dienstleistung oder in Ihr Angebot für Ihren Kunden hat.
- *Schritt 4:* Anschließend analysieren Sie mit Ihrem Kunden, welche Anforderungen Ihr Produkt oder Ihre Dienstleitung erfüllen muss, damit er zufrieden ist.

Erfahrungsgemäß liegt Ihr Telefongespräch mit Ihrem Kunden, in dem Sie den Termin vereinbart hatten, zwischen einer und vier Wochen zurück. In dieser Zeit kann viel Unvorhergesehenes passieren. Bei der Terminvereinbarung hatte Ihr Kunde versichert, dass er bei Ihnen kaufen wird, wenn Ihr Angebot seinen Vorstellungen entspricht. In fast allen Fällen können Sie sich darauf verlassen, dass er dies zu diesem Zeitpunkt auch so meinte. Doch wie so oft im Leben: Der Mensch denkt,

Gott lenkt. Oder der Chef. Oder die IT. Oder die Konjunktur. Oder eine Wolke aus isländischer Vulkanasche. Es kann viel passieren.

Sie starten Ihr Gespräch vor Ort mit der Begrüßung, und sobald Sie beide gemeinsam Platz genommen haben, beginnen Sie mit der Frage:

> **Beispiel: Gesprächseröffnung – Es hat sich zwischenzeitlich Wesentliches geändert**
>
> **Sie, der Verkäufer:** *„Bei unserer Terminvereinbarung am Telefon hatten Sie gesagt, dass Sie bei mir kaufen werden, wenn mein Angebot Ihren Vorstellungen entspricht. Ist das heute noch so oder hat sich etwas ergeben, das die Situation verändert?"*
>
> **Ihr Kunde:** *„Gut, dass Sie es ansprechen. Es hat sich etwas geändert. Wir werden die Trainings voraussichtlich erst nächstes Jahr durchführen. Es müssen andere Projekte zuerst erledigt werden. Aber grundsätzlich sind wir immer noch daran interessiert, mit Ihnen ein Training zu machen bzw. unsere Mitarbeiter mit einem Training zu unterstützen. Nur eben nicht gleich."*

Und jetzt? Ganz einfach: Stehen Sie auf und gehen Sie!

Ja, Sie haben richtig gelesen. Stehen Sie auf und gehen Sie! Das heißt nicht, dass Sie wutentbrannt die Firma verlassen sollen. Nein, ganz bestimmt nicht. Sprechen Sie offen mit Ihrem Kunden. Achten Sie dabei auf einen neutralen Ton. Sagen Sie ihm, dass es wenig Sinn macht, heute über ein Training zu sprechen, welches erst in mehr als sechs Monaten stattfinden soll. Bis dahin kann sich sehr viel geändert haben. Wenn Sie heute ein Angebot erstellen würden, sind vielleicht bis zum Training einige der Mitarbeiter gar nicht mehr im Unternehmen, oder ein weiteres sehr wichtiges Projekt kommt dazwischen und der Trainingstermin verschiebt sich noch einmal um einige Wochen oder Monate. Es wäre einfach schade um die Zeit, die Sie in das Angebot und in die Lösungsansätze stecken. Sagen Sie dem Kunden, dass Sie dies aber gerne tun, wenn der Termin wieder aktueller ist. Dann verabschieden Sie sich.

Auch mir ist das schon passiert. Ja, es braucht Mut und eine große Portion Standing. Doch es funktioniert!

Mein damaliger Gesprächspartner war erstaunt, ich hatte aber auch das Gefühl, dass er erleichtert war, dass er nun nicht aus Höflichkeit über etwas sprechen musste, das vorläufig ganz aus seinem Fokus verschwunden war. Wir haben dann für einige Monate später einen neuen Telefontermin vereinbart.

Als ich wieder in meinem Auto saß, war ich sehr stolz darauf, es geschafft zu haben. Ich war stolz darauf, dass ich nicht wie früher im klassischen Verkaufen meine Zeit damit verschwendet habe, ihn doch noch zu einem früheren Termin zu überreden oder auf eine andere Art zu versuchen, ihm klar zu machen, wie wichtig es doch wäre, dass wir schon einmal alle Details besprechen und ich ihm dann ein Angebot erstelle, da die Zeit ja oft schneller vergeht, als man denkt, und dann ist der Termin schon wieder da. Und so weiter und so fort. Mit solchen Sätzen versuchen wir, dran zu bleiben, den Kunden festzuhalten, damit unsere Fahrt zum Kunden doch noch irgendwie einen Sinn hat. Der größte Sinn liegt hier im schnellen Loslassen. Sie gewinnen dadurch Zeit! Und können die Energie auf einen Kunden lenken, der zeitnah kaufen möchte. Währenddessen halten Sie durch Mailings, Newsletter oder ähnliche Marketingaktionen den Kontakt.

Übrigens: Heutzutage bleiben Sie besonders mit handschriftlichen Karten oder einem Brief in Erinnerung. Nutzen Sie Ihre Möglichkeiten!

Allerdings: In den meisten Fällen geht unsere Frage, ob das Commitment noch gültig ist, gut aus, und das klingt dann so:

Beispiel: Gesprächseröffnung – Commitment ist noch gültig

Sie, der Verkäufer: *"Bei unserer Terminvereinbarung am Telefon hatten Sie gesagt, dass Sie bei mir kaufen werden, wenn mein Angebot Ihren Vorstellungen entspricht. Ist das heute noch so oder hat sich etwas ergeben, das die Situation verändert?"*

Ihr Kunde: *"Nein, es bleibt dabei – wenn Ihr Angebot unseren Vorstellungen entspricht, dann kaufen wir bei Ihnen."*

Bei dieser Antwort ist alles im Lot und Sie starten mit dem eigentlichen Verkaufsprozess.

8.1 Wie langjährige Beziehungen starten

Um einen neuen Kundenkontakt zu gewinnen, ist ein großer Aufwand notwendig. Ob durch Marketingaktionen wie Mailings, Newsletterversand, PR-Artikel oder Telefonmarketing – jeder einzelne Kontakt, der Sie in sein Unternehmen einlädt mit der vorherigen Zusage, bei Ihnen zu kaufen, wenn Ihr Angebot passt, ist äußerst wertvoll. Viele Firmen können diesen Wert tatsächlich in Euro ausdrücken. Einen neuen Kunden zu gewinnen kostet etwa zehnmal so viel, wie einen bestehenden Kunden zu halten.

Wenn ein neuer Kontakt so wertvoll ist, dann wollen Sie ihn auch gerne länger behalten, richtig? Das heißt, es ist nicht Ihr Ziel, schnell etwas zu verkaufen und dann auf zum nächsten Kontakt! Sondern Sie wünschen sich mit Ihrem Kunden eine längere Beziehung, bei der Sie immer wieder als Ansprechpartner an erster Stelle stehen, wenn es darum geht, eine Lösung für das Problem Ihres Kunden zu finden.

Es gibt eine Reihe von Produkten und Dienstleistungen, die sich sogar erst ab der zweiten oder dritten Lieferung wirklich für Sie, als Lieferant, rechnen. Doch wie bauen Sie eine solche Beziehung auf? Wie legen Sie die ersten Grundsteine bei Ihrem ersten Besuch beim Kunden?

Genauso wie Sie es machen, wenn Sie einen neuen Lebenspartner kennenlernen. Sie lächeln? Doch, wirklich! Langjährige Kundenbeziehungen starten genauso wie langjährige Freundschaften oder langjährige Beziehungen: Sie interessieren sich für den Anderen und der Andere interessiert sich für Sie.

Es ist immer wieder faszinierend, zu sehen, welche Vorschusslorbeeren ein Lieferant von seinem Kunden bekommt, wenn er ihn auf eine ganz andere Art kennengelernt hat als über den klassischen Kundengewinnungsprozess von Marketing und Vertrieb. So wies bereits 1974 beispielsweise auch der US-Soziologe Mark Granowetter nach, dass die besten Jobs über lockere Beziehungen vergeben werden (Mai 2015).

Wie gehen Sie zum Beispiel mit einem Lieferanten um, der in seinem Privatleben der Vater eines Kindes ist, das in denselben Kindergarten geht wie Ihr Sohn? Er genießt von vornherein schon viel mehr Vertrauen als ein Lieferant eines ähnlichen Produktes, der Sie auf dem herkömmlichen Weg angesprochen hat. Warum? Sie haben Gemeinsamkeiten: Kind oder Kinder, derselbe Kindergarten, gemeinsame Sommerfestaktivität im Kindergarten. Sie beide haben die Gartenschaukel gebaut und lackiert. Sie haben sich dabei über Kinder im Allgemeinen und die eigenen im Speziellen ausgetauscht. Darüber sind Sie dann auf Ihre jeweiligen beruflichen Tätigkeiten gekommen und plötzlich ergaben sich Topf und Deckel. Sie haben etwas, was Ihr Gesprächspartner braucht oder umgekehrt.

Oder im Sport. Sie spielen Golf. Gemeinsam vier bis fünf Stunden über den Platz zu gehen, verbindet ungemein. Es ist vollkommen natürlich, zu fragen:

- *„Was machen Sie beruflich?"*
- *„Wie sind Sie denn dazu gekommen?"*
- *„Was bedeutet diese Aufgabe?"*
- *„Sind die Zeiten momentan schwer für Sie?"*

Sogar wenn man sich über soziale Netzwerke kennengelernt hat, geben wir dem Anderen einen Vertrauensvorschuss. Dabei ist es vollständig unwichtig, ob das Netzwerk hundert Mitglieder hat, wie zum Beispiel der Gewerbeverband in Ihrer Stadt, oder ob es ein virtuelles Netzwerk mit Hunderttausenden von Mitgliedern

8.1 Wie langjährige Beziehungen starten

ist. Sie haben sich ausgetauscht, offline oder online, ganz natürlich Fragen gestellt und auch selbstverständlich Fragen beantwortet. Erst nachdem Sie diesem Prozess eine gewisse Zeit und eine gewisse Aufmerksamkeit geschenkt hatten, gingen Sie zum nächsten Schritt über, zu klären: „*Was genau brauchen Sie?*" und welches Angebot kann dazu gemacht werden.

Wie ist das, wenn Sie eine faszinierende Frau oder einen faszinierenden Mann treffen, zum Beispiel auf einer Party? Wie läuft hier der Kommunikationsprozess des Kennenlernens ab?

Der Physik-Nobelpreisträger Richard P. Feynman beispielsweise löste seine mangelnde Erfahrung im Small-Talk durch ehrliche und interessierte Fragen. Die Damen auf dem Gesellschaftsparkett gerieten jedes Mal in helles Entzücken, wenn sie ihm den Klatsch näher erklären durften (Topf 2010).

Und welche Fragen stellen Sie? – zum Beispiel:

- „*Woher kommen Sie?*"
- „*Seit wann leben Sie in unserer Stadt?*"
- „*Wo sind Sie geboren oder aus welcher Gegend zugezogen?*"
- „*Sie haben einen interessanten Dialekt, woher kommt der?*"
- „*Woher kennen Sie den Gastgeber?*"
- „*Wie lange kennen Sie den Gastgeber?*"
- „*Welchen Sport betreiben Sie?*"
- „*Wie lange machen Sie das schon?*"
- „*Was machen Sie, wenn Sie nicht Sport treiben oder auf Partys sind?*"
- „*Haben Sie Familie?*"
- „*Wie alt sind die Kinder?*"
- „*Noch verheiratet?*"
- „*Wie lange geschieden?*"
- „*Was sagen Sie zur Fußball-WM/Landtagswahl/Bohrinsel-Desaster /Marsmission/XY-Skandal/Bauprojekt/Museumsschließung/…*"

Eine Frage führt Sie zur nächsten Frage. Sie stellen Fragen, Sie beantworten Fragen. Sie hören zu, Sie erzählen. Sie schweigen auch einmal, denken über das Gesagte nach, vergewissern sich noch einmal, ob Sie Gehörtes richtig verstanden haben. Sie freuen sich gemeinsam, lachen zusammen, sind gemeinsam nachdenklich. Ein ganz natürlicher Prozess. Es werden Geschichten erzählt, aber keine Monologe gehalten. Beide bringen sich ein, beide hören zu. Das Gespräch gleicht einem Reißverschluss. Zahn für Zahn schließt sich der Dialog zu einer wunderbaren Freundschaft.

Wann gelingt so ein stundenlanges Gespräch? Wenn Sie sich beide aus dem Mittelpunkt des Geschehens nehmen. Wenn sich jeder wirklich für den Anderen interessiert, wenn Sie es genießen, dem Anderen zuzuhören, wenn keiner von beiden manipulative Absichten hat, sondern sich einfach nur freut, dass der Andere da ist und sie sich austauschen können.

In solch einer Situation haben Sie nie das Gefühl, den Anderen auszuhorchen, wenn Sie ihm Fragen stellen. Es ist ein ganz normaler Prozess. Sie fühlen sich auch nicht verhört, weil der Andere Ihnen Fragen stellt, sondern freuen sich über das Interesse des Anderen an Ihrer Person. Solch ein Kennenlernen kann manchmal die halbe Nacht dauern, bis in die frühen Morgenstunden. Es hält eine ganze Runde am Golfplatz oder eine lange Fahrt von München nach Hamburg. Fast jeder langen Beziehung in Ihrem Leben ging so ein Gespräch voraus.

8.2 Was ist die Vertrauensbasis?

Anders im klassischen Verkaufen. Wenn Sie Ihrem Kunden das erste Mal persönlich begegnen, begrüßen Sie ihn, stellen vielleicht zwei, drei Fragen, meistens mehr als Floskel:

- *„Wie war Ihre Fahrt?"*
- *„Haben Sie es gleich gefunden?"*
- *„Wie geht es Ihnen?"*

Fortgeschrittene fragen schon einmal:

- *„Ah, ich sehe, Sie fahren einen gelben Jeep, wie sind Sie denn zu dem gekommen?"*
- *„Schönes Foto, Sie lieben Riverrafting?"*

Doch ganz selten gelten diese Fragen dem gegenseitigen Kennenlernen, dem echten Interesse an dem Anderen. Meist sind sie eher ein kurzes Ritual zum Warmwerden. Und so wird es im klassischen Verkauf ja auch gelehrt.

Dabei ist so eine Geschäftsbeziehung mindestens so wichtig wie eine private Beziehung. Sie vertrauen diesem neuen Geschäftspartner oft große Werte an: Liefern auf Rechnung, Erstellen eines Prototypen als Muster ohne Berechnung … Als Kunde geben Sie Mitarbeiter in die Hände des Lieferanten oder Ihre Produktion oder Ihr Wissen, Ihre Formeln, Ihre Pläne. Sie investieren große Summen in Pro-

8.2 Was ist die Vertrauensbasis?

duktionsbänder und vertrauen darauf, dass Ihr Lieferant das Rohmaterial rechtzeitig liefert. Für all das haben Sie oft nur eine Vertrauensbasis, die aus den Antworten auf drei Fragen besteht:

- *„Wie war Ihre Fahrt?"*
- *„Haben Sie es gleich gefunden?"*
- *„Wie geht es Ihnen?"*

Mutig! Beim Konsensitiven Verkaufen würde Ihnen das nicht genügen. Hier ist der erste Schritt einer gemeinsamen Geschäftsbeziehung das wirkliche Interesse an Ihrem Kunden. Hier gehen Sie bewusst in den Verkaufsprozess mit dem Vorsatz: „Bevor ich dich, lieber Kunde, nicht kenne, verkaufe ich dir auch nichts." Denn Sie sind an einer langen Geschäftsbeziehung interessiert. Im Konsensitiven Verkaufen wollen Sie wirklich die Probleme Ihres Kunden lösen und nicht nur den schnellen Euro machen und hopp, wieder weg zum nächsten potenziellen Käufer.

Doch dazu müssen Sie Ihren Kunden etwas kennenlernen. Auch Sie müssen ihm vertrauen. Die gemeinsame Augenhöhe von Lieferant und Kunde setzt voraus, dass auch Ihr Kunde sich als fairer Partner qualifiziert, als ein Mensch, dem Sie als Lieferant genauso vertrauen können wie er Ihnen als Kunde. Deshalb hat im Konsensitiven Verkaufen dieser Schritt nur ein Ziel: den anderen kennenzulernen. Dafür ist es wichtig, dass Sie das Ziel, etwas zu verkaufen, einen Abschluss zu machen, mit einem Liefervertrag den Kunden zu verlassen, dass Sie dieses Ziel vorerst vollkommen zur Seite legen und nur an einem interessiert sind: den Anderen kennenzulernen. Damit das gelingt, müssen einige Voraussetzungen erfüllt werden.

Ehrliches Interesse
In dem Moment, in dem Sie Ihren Kunden nur ausfragen, um das Erfahrene hinterher gegen ihn zu verwenden, in diesem Moment spürt das Ihr Kunde sofort und er wird sich verschließen wie eine Auster.

Stellen Sie sich vor, dass Sie mit diesem Kunden ein Produktleben verbringen möchten. Was interessiert Sie wirklich an ihm? Was ist er für ein Mensch? Was ist ihm wichtig?

Viele Geschäftsbeziehungen scheitern an Kleinigkeiten, wenige an großen Problemen. Ein Kunde, der sehr detailinteressiert ist, kann sich sehr ärgern, wenn Sie zu Terminen zu spät kommen oder wenn sich in ein Angebot der Fehlerteufel einschleicht, und das gilt nicht nur für Preisfehler. So jemanden stören schon einmal die Rechtschreibfehler oder andere Kleinigkeiten.

Ein anderer Kunde ist sehr großzügig und kommt mit kleinen Unzuverlässigkeiten ausgesprochen gut zurecht, das bedeutet aber, dass er diese Toleranz auch von seinem Lieferanten erwartet. Wenn Sie ein Bild von Ihrem gemeinsamen Produktleben haben, können Sie mit allen Ereignissen für beide Seiten zufriedenstellend umgehen.

Also wer ist Ihr Kunde? Ein großzügiger und toleranter Mensch? Ein detailinteressierter, aber auch sehr zuverlässiger Mensch? Im Grunde genommen können Sie Ihren Kunden wirklich alles fragen. Wenn er spürt, dass Sie sich wirklich für ihn interessieren, wird er Ihnen beinahe jede Frage beantworten.

Wenn er eine Frage beantwortet, lassen Sie ihn ausreden! Hören Sie bis zum Ende der Geschichte aufmerksam zu. Die interessanten Informationen kommen meist ganz zum Schluss. Manche Menschen müssen erst ein bisschen ausholen, um sich daran zu gewöhnen, etwas von sich zu erzählen, bis sie dann zur eigentlichen Antwort auf die Frage kommen. Sie nehmen sozusagen Anlauf für die Antwort.

Achten Sie darauf, dass Sie nicht dem Klick-Surr-Effekt unterliegen. Robert Cialdini (2013) beschreibt diesen in seinem Buch „Die Psychologie des Überzeugens". Dort berichtet er von einem Versuch aus der Ethologie mit Truthennen. Truthennen sind sehr liebende und umsorgende Tiermütter. Solange ihre Kücken „tschiep, tschiep" machen, werden sie umsorgt, gehegt, gepflegt und gefüttert. Truthennen haben drei Feinde: Das Stinktier, den Menschen und Thanksgiving. Wenn eine Truthenne ein Stinktier sieht, stürzt es sich auf selbiges und versucht, es zu töten. Das passiert auch, wenn ein ausgestopftes Stinktier an einem Bindfaden ausgestopft an der Truthenne vorbeigezogen wird.

Außer, im Innern des ausgestopften Stinktiers befindet sich ein Tonbandgerät, welches auf Knopfdruck ein Band mit „tschiep, tschiep" ablaufen lässt. Schon, stürzt sich die Truthenne auf das präparierte Tier und versucht, es zu hegen und zu pflegen. Klick: Das Band startet mit „tschiep, tschiep" und Surr: Das Band „hegen, pflegen und füttern" läuft ab.

Welche Bedeutung hat der Klick-Surr-Effekt im Umgang mit Ihrem Kunden? Idealerweise stellen Sie dem Kunden Fragen, um ihn besser kennenzulernen. Wiederum idealerweise antwortet er Ihnen mit Geschichten aus seinem Leben, seiner Erfahrung und seinem Umfeld. Dabei fallen „Stichwörter", die bei Ihnen im besten Fall eine Lawine von eigenen passenden Erlebnissen auslösen, die Sie gerne mit einbringen wollen. Klick: Stichwort. Surr: Band mit eigener Geschichte läuft ab. Der Nachteil daran ist: Sie hören nicht mehr richtig zu. Stephan Heinrich (2014) nennt das in seinem Buch: Gute Geschäfte – 52 clevere Tipps für profitable Beziehungen im Business - auch „biographisches Zuhören". Besonders Erlebnisse, die mit starken emotionalen Gefühlen verbunden sind, platzen uns geradezu kas-

8.2 Was ist die Vertrauensbasis?

kadisch mitten in der Erzählung des Kunden heraus. Im besten Fall driften nur unsere Gedanken ab und der Kunde merkt es nicht. Ob so oder so, ein intensiver und interessierter Austausch ist dann nicht mehr möglich.

Hören Sie konzentriert und aktiv zu. Aktives Zuhören bedeutet, Sie zeigen durch kurze Laute wie: „ah, interessant, hm" oder durch körpersprachliche Signale wie: „Kopfnicken, aufrechtes Hinsetzen, lächeln oder ernste Miene", dass Sie noch da sind und sich nicht bereits auf Ihrer inneren biographischen Reise befinden.

Achten Sie darauf, dass Ihre nächste Frage im direkten Zusammenhang mit Ihrer vorhergehenden Frage steht oder mit der Antwort des Kunden, damit Ihr Kunde nicht das Gefühl hat, in einem Verhör zu sitzen, bei dem die Fragen nach einer zielorientierten Struktur gestellt werden. Damit Ihr Kunde auch nicht den Ansatz eines Eindruckes bekommt, im Verhör zu sitzen, ist es immer wieder wichtig, dass auch Sie etwas erzählen. Entweder, weil Ihr Kunde auch die Initiative ergreift und Ihnen persönliche Fragen stellt oder weil Sie auch Ihrem Kunden zeigen möchten, dass das Vertrauen, das er Ihnen schenkt, auf Gegenseitigkeit beruht.

Steuern Sie Geschichten und Anekdoten bei, die zur Erzählung Ihres Kunden passen. Achten Sie darauf, dass Sie beim Erzählen nicht nur oberflächlich berichten, sondern erzählen Sie von Ihren Emotionen. Von dem Ärger, den Sie in dieser Situation verspürt haben oder von der Freude, die ein Ereignis bei Ihnen ausgelöst hat oder wie Sie in gebannter Erwartungshaltung erstarrt sind, als Sie auf ein bestimmtes Ergebnis gewartet haben. Erzählen Sie von Erlebnissen mit Ihren Kindern, Ihren Geschwistern oder vom Urlaub.

Achten Sie aber darauf, dass Ihr Redeanteil nicht überdimensional überhand nimmt. Wenn Sie ein Erlebnis berichtet haben, hören Sie wieder auf zu sprechen. Stellen Sie eine Frage und hören Sie zu. Wenn Sie wissen, dass Sie gerne erzählen und eher zum Monolog neigen, sollte Ihr Ziel sein, als Gesprächsanteil ein Drittel beizutragen. Wenn Sie eher verschlossen sind und wissen, dass es Ihnen schwerfällt, von sich zu berichten, sollte Ihr Ziel sein, 50 % Gesprächsanteil zu erreichen. Wenn es Ihnen wirklich wichtig ist, wird es Ihnen gelingen, Ihren Redeanteil zu kürzen oder zu erweitern, egal, ob Sie ein „Vielredner" oder eher ein „Schweiger" sind.

Sammeln Sie kleine Geschichten, die Sie auf Ihren Geschäftsreisen erleben oder mit Ihrer Familie. Ihre Geschichten sollen und müssen persönlich sein, ziehen Sie aber bitte die Grenze zu intimen Berichten. Sicherlich sind die Grenzen bei unterschiedlichen Menschen einmal enger oder einmal großzügiger, trotzdem glaube ich, dass jeder Mensch da eine gute Einschätzung hat. Wenn Sie ganz unsicher sind, ob sich eine Geschichte zum Erzählen eignet, probieren Sie es in einem geschützteren Rahmen aus, bei Menschen, die Ihnen nicht als „dicke" Freunde nahestehen, aber die Sie kennen und mit denen Sie auch einmal etwas testen können, ohne dass gleich ein guter Auftrag verloren geht. Beobachten Sie die Reaktionen. Dabei lernen Sie, die Reaktionen Ihrer Mitmenschen zu lesen. Oder fragen Sie einfach nach, wie Ihre Geschichte angekommen ist.

Mit welcher Frage starten Sie? Mit Fragen zum Reiseweg, zum Wohlbefinden oder auch zum Wetter zu beginnen, ist nicht verboten. Wenn dies Ihre Anlauffragen sind, nur zu. Doch achten Sie genau auf die Antworten. Bieten Ihnen die Antworten eine Möglichkeit, tiefer einzusteigen? Gibt es in der Art und Weise der Antwort eine Öse, in die Sie einhaken können?

Schauen Sie sich auf dem Weg zum Besprechungszimmer um. Was fällt Ihnen auf? Achten Sie dabei auf Verstecktes. Es ist nicht verboten, das Offensichtliche anzusprechen, aber manchmal ein bisschen langweilig, zumindest für Ihren Gastgeber. Lesen Sie die Internetseiten Ihres Kunden genauer. Welche Fragen ergeben sich dadurch, die Sie stellen können? Informieren Sie sich über die Branche, in der Ihr Kunde tätig ist. Auch daraus können sich die ersten Einstiegsfragen ergeben. Wenn Sie beim Fragenstellen etwas eingerostet sind, können Sie gerne mit dem äußersten Ring der Fragemöglichkeiten beginnen. Stellen Sie sich die Wasserringe auf einem See vor, wenn Sie einen Stein hineinwerfen. Die Antworten Ihres Gegenübers helfen Ihnen, zu den inneren Ringen vorzudringen. Der Buchhandel bietet aktuell mehrere Dutzend Titel zum Thema Small Talk – lassen Sie sich inspirieren.

In Verlaufe Ihres Kundengespräches werden Sie irgendwann Fragen zum Problem des Kunden und zu Ihrem Lösungsangebot stellen. Diese Fragen können und sollten Sie notiert haben, damit Sie nichts vergessen. Fragen zum persönlichen Kennenlernen können Sie jedoch nicht von einem Stück Papier ablesen. Hier ist es empfehlenswert, sich drei Fragen aus unterschiedlichen Bereichen zu überlegen und sich diese im Vorfeld zu merken. Inspiriert durch die Internetseite Ihres Kunden, inspiriert durch die Adresse oder inspiriert durch das Geschäftsgebäude Ihres Kunden oder auch durch die Art und Weise, wie Sie sich kennengelernt haben.

Die Gelegenheit, Ihre gemeinsame Geschäftsbeziehung auf echtes Interesse an Ihrem Gegenüber aufzubauen, haben Sie so nur zu Beginn. Es wird später schwierig, diese Basis nachzuholen. Sie werden immer die Gelegenheit haben, auf dieses erste Gespräch aufzubauen. Aber beim fünften oder sechsten Gespräch nachzuholen, was Sie beim ersten Gespräch verpasst haben, ist möglich, macht die Sache jedoch nicht einfacher. Nutzen Sie die Gunst der ersten Stunde.

Das ist so ähnlich, als wenn Sie eine Frau oder einen Mann kennenlernen, von einer Minute auf die andere bei ihr oder ihm einziehen und nach drei Monaten sagen würden: *„Schatz, jetzt wird es mal Zeit, dass ich Dich besser kennenlerne, wie war denn ..."* Eher unwahrscheinlich!

8.2 Was ist die Vertrauensbasis?

Beispiel: Kundenbeziehungs-Basisgespräch

Ihr Kunde hat Ihnen versichert, dass er immer noch plant, bei Ihnen zu kaufen.

Sie, der Verkäufer: *„Sie hatten mir erzählt, dass Sie frisch aus dem Urlaub kommen. Haben Sie Ihren Urlaub zu Hause verbracht oder waren Sie verreist?"*

Ihr Kunde: *„Wir sind zu Hause geblieben. Zurzeit ist so schönes Wetter und der Urlaub war nur eine Woche."*

Sie, der Verkäufer: *„Mir persönlich fällt es immer sehr schwer, zu Hause abzuschalten, wie geht es Ihnen damit?"*

Ihr Kunde: *„Ach, wir gehen gerne in die Berge, machen dazu Tagesausflüge und da gelingt mir das Abschalten sehr gut."*

Sie, der Verkäufer: *„Sie sind Bergsteiger oder Bergwanderer?"*

Ihr Kunde: *„Eher schon etwas sportlicher, Bergsteiger. Ich mag es gerne, richtig zu klettern, mit Seil und Haken."*

Sie, der Verkäufer: *„Das ist eine Herausforderung. Wie haben Sie das gelernt?"*

Ihr Kunde: *„Schon als Kind mit meinem Vater."*

(Kunde erzählt ein Erlebnis aus der Kindheit.)

Sie, der Verkäufer: *„Heute sind Sie Ingenieur. Hat Sie Ihre Kindheit zu diesem Beruf inspiriert?"*

Ihr Kunde: *„Nein, ein Onkel."*

(Kunde erzählt etwas aus seinem Entwicklungsweg).

Sie, der Verkäufer: *„Das verstehe ich gut. Bei mir war es eine Figur aus einem Buch."*

(Sie erzählen von dieser Figur und den Inspirationsgedanken.) Usw.

Haben Sie keine Angst davor, dass Ihr Kunde keine Antworten auf Ihre Fragen gibt. Die Menschen reden gerne über sich, wenn sie wissen und spüren, dass es den Anderen wirklich interessiert. Und wenn Sie auch etwas von sich erzählen, vertrauen Menschen Ihnen sehr schnell. Sie und Ihre Kunden haben einen ganz gesunden Instinkt, zu merken, ob hier eine ehrliche Beziehungsbasis angestrebt wird oder ob es sich um „Aushorchen" und „Manipulation" handelt.

Verderben Sie es nicht durch die falsche, also manipulative Motivation oder übertriebene Ängste, der Andere könnte Sie als aufdringlich empfinden. Sollten Sie einem Gesprächspartner gegenübersitzen, der ungewöhnlich schweigsam ist, eröffnen Sie die Runde mit einer persönlichen Geschichte.

Am Ende stellen Sie eine Frage zu seinen Erfahrungen mit solch einer Situation, die Sie gerade erzählt haben.

Wenn Sie merken, dass Ihr Gesprächspartner überhaupt nicht bereit ist, eine persönliche Beziehungsbasis herzustellen, dann sollten Sie sich sehr genau überlegen, ob Sie wirklich eine Geschäftsbeziehung mit ihm eingehen möchten. Oder würden Sie mit jemandem in eine gemeinsame Wohnung ziehen, von dem Sie außer seinem Namen überhaupt nichts wissen?

> **Erfolgsrezept**
> Sie sind erfolgreich mit diesen fünf Prinzipen:
> 1. Stehen Sie auf und gehen Sie, wenn Ihr Kunde seine Zusage nicht einhalten kann.
> 2. Eine langjährige Kundenbeziehung beginnt wie eine langjährige Freundschaft.
> 3. Interessieren Sie sich wirklich für Ihren Gesprächspartner, das ist die Basis für jede Beziehung.
> 4. Stellen Sie offene Fragen.
> 5. Erzählen Sie Anekdoten und kurze persönliche Geschichten.

Literatur

Cialdini, R. B. 2003. *Die Psychologie des Überzeugens*. Bern: Hans Huber.
Heinrich, S. 2014. *Gute Geschäfte – 52 clevere Tipps für profitable Beziehungen im Business*. Norderstedt: Book on Demand.
Mai, J. 2015. *45 Tipps für besseres Netzwerken*. http://www.access.de/karriereplanung/karriere-tipps/networking-tipps-5616. Zugegriffen: 28. April 2015.
Topf, C. 2010. *Das Feymann-Rezept – ehrliches Interesse statt Arroganz*. http://berufebilder.de/2010/small-feymann-rezept-ehrliches-interesse-arroganz/. Zugegriffen: 28. April 2015.

Habe ich Sie richtig verstanden? 9

▶ Wenn Ihre Kunden Ihr Produkt oder Ihre Dienstleistung kaufen, zieht dies immer eine Veränderung beim Kunden nach sich. Probleme werden gelöst oder tauchen durch den Kauf erst auf. Der Kauf hat Folgen für Ihren Kunden. Sie sollten wissen welche. Und welchen Einfluss sie auf den Verkaufsprozess haben.

In der AIDA-Formel des klassischen Verkaufens nach Elmo St. Lewis steht das „I" für Interest. Das heißt, nachdem die Aufmerksamkeit (A = Attention) beim potenziellen Kunden erreicht ist, muss sein Interesse geweckt werden (Wikipedia 2015). Beispielsweise: Sie fahren eine Straße entlang und in der Ferne sehen Sie ein grellfarbenes Plakat. Diese grellen Farben verführen Sie dazu, einen Teil Ihrer Aufmerksamkeit von der Straße wegzunehmen und auf das Plakat zu konzentrieren. Je näher Sie dem Plakat kommen, desto stärker schielen Sie in seine Richtung. Jetzt sind Sie dem Plakat so nahe, dass Sie erkennen, was darauf geschrieben steht oder was abgebildet ist. Was immer es auch ist, es muss Ihr Interesse wecken. Es muss Sie in Bruchteilen von Sekunden ins „Herz" oder in die „Seele" treffen, anders ausgedrückt, es trifft ihr Limbisches System, in dem die Emotionen stecken. Das Interesse ist emotional bereits da, noch bevor die Ratio sich einschaltet. Deshalb überwiegen in der Werbung immer wieder spärlich bekleidete Damen, hier und da auch Männer mit muskulösen Silhouetten.

Es mag sein, dass wir anschließend darüber schimpfen und uns entrüstet zeigen: „Sex sells!" – aber es funktioniert. Der Playboy-Gründer Hugh M. Hefner warb übrigens 1953 zum ersten Mal mit „Sex sells", sein damaliger Nackedei war keine geringere als Marilyn Monroe.

Auch mit frechen oder provokativen Aussagen wird unser Interesse geweckt: „Ich bin doch nicht blöd!", mit ungewöhnlichen Schreibweisen: „Hrzrsn!" Oder mit Fragen, die uns herausfordern: „Lebst du schon oder wohnst du noch?" Es gibt viele Möglichkeiten, unsere Neugierde zu wecken. Wenn die Marketingleute ihre Arbeit gut gemacht haben, dann schauen wir nicht nur länger hin, sondern dann entsteht auch ein Wunsch (D = Desire) und wir lassen uns zum Handeln, also Kaufen animieren (A = Action).

Während dieser gesamten Zeit, hat das Plakat einen Monolog geführt. Sie sind dabei nicht zum Reden oder gar Fragen gekommen. Sie durften am Ende handeln. Mal haben Sie gekauft, mal haben Sie es nicht getan. Für ein Plakat ist das ja auch bestens so. Aber genauso wurde auch jahrzehntelang das Verkaufen gelehrt. Der Haken an dem System ist, dass der Kunde im Vis-à-vis-Gespräch einfach nicht bereit ist, brav alle unsere Argumente zu schlucken, sondern sich wehrt. Es kommen Vorwände und Einwände. Weshalb das Marketingsystem, welches fälschlicherweise als Verkaufssystem adaptiert wurde, um die Vorwand- und Einwandbehandlung erweitert wurde. Das Ziel: Weg mit den Vor- und Einwänden, damit der Monolog ungehindert weitergehen kann!

Damit nun die Vorwände und Einwände möglichst im Keim erstickt werden, folgte eine Rhetorikschulung nach der anderen. Im klassischen Verkaufen geht man davon aus: Je besser der Verkäufer im Reden ist, desto schneller kann er den Kunden davon überzeugen, dass er das Produkt braucht. Anders lautende Wünsche werden dem Kunden mit guten Argumenten und rhetorischen Tricks ausgeredet. Was der Kunde einmal gekauft hat, kann er danach schlecht zurückgeben, Umtauschrechte außen vor gelassen. Stornos werden nur im Zusammenhang mit nicht stornierten Aufträgen beachtet: als Quote, als prozentualer Anteil. Ein reines Zahlenspiel ohne menschliche Werte. „Da hat der Verkäufer eben mal übers Ziel hinausgeschossen, aber meistens funktioniert es ja", so lautet die Annahme.

Als ich vor 25 Jahren die ersten Erfahrungen im Verkaufen machte, habe ich bereits nach einigen Jahren das „I = Interest" mit einer weiteren Bedeutung belegt. „I" stand für mich für Interesse AN meinem Kunden. Also für die Analyse. Diese Vorgehensweise entdeckten auch andere Verkäufer und natürlich auch die Verkaufstrainer. Das war die richtige Richtung.

Herausfinden, was der Kunde wirklich will
Das machte aus dem „stummen Plakatbewunderer" wieder einen mündigen Kunden. Im Konsensitiven Verkaufen ist das Stellen von Fragen, um herauszufinden, was der Kunde wirklich will, eine der wichtigsten Säulen. Die Fragen sind sehr umfassend und gehen tief.

Das Fragenstellen hilft Ihnen, den Verkaufsprozess zu kontrollieren. Wenn Sie Ihren Kunden bereits besser kennengelernt und eine Vertrauensbasis aufgebaut haben – wie in Kap. 8 beschrieben – dann hat das Sie und den Kunden näher zusammengebracht. Die Antworten zeigen Ihnen, welcher Mensch Ihr Kunde ist, ob Sie mit ihm können und ob er mit Ihnen kann. Doch Ihr Kunde befindet sich nicht in einem homogenen System. Um ihn herum gibt es Umstände, die Sie kennen müssen und die für eine endgültige Entscheidung sehr wichtig sind.

Einige der Fragen, die Sie jetzt stellen, und deren Antworten schützen Sie vor späteren Einwänden gegen Ihr Produkt. Probleme oder Herausforderungen kommen nicht nach und nach zum Vorschein, sondern Sie fragen sofort danach – systematisch und konsequent. Die nächsten Fragen klären die Umstände, die für die Entscheidung Ihres Kunden relevant sind. Die Antworten geben Ihnen einen Überblick über die Hindernisse, die in den Umständen liegen. Erst danach hat es einen Sinn, über Ihr Angebot konkret zu sprechen.

Es gibt fünf Umstandsbereiche:

1. Ist-Analyse und Soll-Zustand
2. Wie viel Budget steht zur Verfügung?
3. Welche Zeitumstände bestimmen die Entscheidung?
4. Welche Entscheidungs- und Bestellprozedere gibt es?
5. Letzte Absicherung – Gibt es etwas, das nicht angesprochen wurde?

Gehen wir sie nacheinander durch.

9.1 Ist-Analyse und Soll-Zustand

In welcher Situation ist Ihr Kunde? Warum braucht er ein Produkt wie Ihres oder eine Dienstleistung wie Ihre? Wobei es hier nicht explizit um Ihr Angebot geht. Es geht mehr um den generellen Lösungsansatz. Was ist das Problem? Was soll sich verändern? Welche Einschränkungen erlebt Ihr Kunde, die er so nicht mehr akzeptieren will? Oder würde er diese Einschränkungen gerne in Kauf nehmen, eventuell weil er die Situation nicht als Einschränkung empfindet, seine Vorgesetzten aber umso mehr? Welche Auswirkungen hat der Einsatz des Produktes oder der Dienstleistung auf das Unternehmen oder die Abteilung? Welche Auswirkungen hat es für Ihren Kunden, wenn Ihr Angebot nicht eingesetzt wird?

Kunden, die sich mit der Anschaffung des Produktes oder dem Einsatz dieser Dienstleistung schon lange beschäftigen, können diese Fragen sehr schnell und sehr explizit beantworten. Andere Kunden machen sich zum ersten Mal Gedanken darüber, nachdem Sie gefragt haben. Auch Kunden sind Menschen, nicht alles läuft strukturiert und systematisch ab.

In vielen Fällen hat oder hatte Ihr Kunde bereits einen Lieferanten. Weshalb soll sich hier etwas verändern? Ist es einfach geplant, einen zweiten Lieferanten aufzubauen oder ist der bisherige Lieferant an technische Grenzen gestoßen? Gibt es Vorgehensweisen, die beim bisherigen Lieferanten sehr geschätzt bzw. genau im Gegenteil als sehr unangenehm empfunden wurden? Stimmt der geplante Wechsel des Lieferanten mit der persönlichen Meinung Ihres Gesprächspartners überein oder ist dies eine einsame Entscheidung der Geschäftsführung? Gibt es Marken oder Firmen, die Ihr Gesprächspartner besonders bevorzugt, aber, aus welchen Gründen auch immer, nicht nutzen kann?

Was bedeutet es überhaupt für Ihren Gesprächspartner persönlich, wenn das Produkt oder die Dienstleistung gekauft wird? Welche Erwartungen sollen für Ihren Gesprächspartner ganz persönlich erfüllt werden? Und was würde es für Ihren Kunden ganz persönlich bedeuten, wenn der Auftrag nicht zustande kommt?

Vieles ist auch in der Welt Ihres Kunden spontan. Dies ist vollkommen in Ordnung, solange Sie, der Verkäufer, dafür nicht die Folgen tragen müssen. Zum Beispiel ein aufwendiges Angebot zu erstellen oder einen Prototypen zu produzieren, und sich dann im Laufe des Prozesses herausstellt, dass diese Vorgehensweise überhaupt nicht zur Lösung führt. Dann ist es schon besser, Sie erfahren das gemeinsam mit Ihrem Kunden beim ersten Besuch.

Konkrete Fragen für diesen Bereich sind
- *„Warum brauchen Sie dieses Produkt oder diese Dienstleistung?"*
- *„Wollen Sie dieses Produkt oder diese Dienstleistung?"*
- *„Was ist das Problem? Was soll sich verändern?"*
- *„Die Umstellung auf dieses Produkt oder diese Dienstleistung wird Auswirkungen auf andere Bereiche Ihres Unternehmens oder diese Abteilung haben, ist das so in Ordnung für Sie?"*
- *„Wenn ja, welche Auswirkungen werden das sein?"*
- *„Was versprechen Sie sich von dem Einsatz dieses Produktes oder dieser Dienstleistung? Für das Unternehmen? Für Sie persönlich?"*
- *„Was passiert, wenn Sie dieses Produkt oder diese Dienstleistung nicht einsetzen? Für das Unternehmen? Für Sie persönlich?"*
- *„Welche Lieferanten für dieses Produkt oder diese Dienstleistung waren bisher für Sie tätig? Was schätzten Sie an diesen Lieferanten?"*
- *„Was hätten Sie sich von diesen Lieferanten anders gewünscht?"*
- *„Würden Sie gerne ausschließlich mit einem dieser Lieferanten arbeiten, wenn es die Umstände zulassen würden?"*
- *„Welche Folgen hat der Wechsel und/oder der Aufbau eines zweiten Lieferanten für Sie persönlich?"*

- „*Gibt es etwas, das Sie persönlich an mir stört oder an meinem Unternehmen?*"
- „*Gibt es etwas, das Sie mir gerne auf den Weg mitgeben möchten?*"
- „*Gibt es eine Frage, die Sie mir gerne stellen möchten? Diese kann auch persönlicher Natur sein. Vielleicht etwas, das in Ihrem Bauchgefühl* ein Grummeln verursacht?"

9.2 Wie viel Budget steht zur Verfügung?

In welcher Preiskategorie befindet sich Ihr Angebot? Ist es ein Low-Budget- oder High-Budget-Produkt? Sicherlich haben Sie Recht, wenn Sie sagen, das hängt vom Bedarf ab, von der Stückzahl, von den Add-ons. Doch abgesehen davon, wissen Sie, als Verkäufer, ganz genau, in welcher Klasse Sie liegen und es schadet nur Ihnen, wenn Sie den Preis erst am Ende Ihrer Präsentation wie ein Kaninchen aus dem Hut zaubern wollen.

Sagen Sie Ihrem Kunden jetzt den Preis, der am deutlichsten zeigt, in welcher Preiskategorie sich Ihr Angebot befindet, abzüglich oder zuzüglich spezieller Umstände. Fragen Sie ihn, ob er bereit ist, diese Preiskategorie zu bezahlen, ob es grundsätzlich ein Budget dafür gibt, ob sich das Budget und die Preiskategorie in derselben Klasse befinden. In Kap. 5 haben Sie die drei Marktstärken kennengelernt. Wenn Sie jetzt erfahren, dass Ihr Kunde hier lieber im Low-Budget-Markt agiert, Sie sich aber aus berechtigten Gründen im High-Budget-Markt bewegen, ist es spätestens jetzt wichtig, zu klären, ob Ihr Kunde hier seine Strategie ändern möchte. Wenn nicht, hat es keinen Sinn, weiter zu verhandeln. Es handelt sich dann meist nicht um ein paar Prozent Unterschied, sondern um Äpfel und Birnen. Hier werden Sie unter glaubwürdigen Umständen nicht zusammenkommen.

Konkrete Fragen für diesen Bereich sind
- „*Der Produktpreis liegt in folgender Preiskategorie. Sind Sie bereit, diese Investition zu tätigen?*"
- „*Wann ist ein Angebot aus Ihrer Sicht seinen Preis wert? Welche Kriterien müssen dazu erfüllt werden?*"
- „*Wurde bereits ein Budget für diese Investition bereitgestellt?*"
- „*Welche Erwartungen müssen im Zusammenhang mit dieser Investition erfüllt werden?*"

9.3 Welche Zeitumstände bestimmen die Entscheidung?

Heutzutage, in einer Zeit, in der die Schnellen die Langsamen fressen, spielt der Zeitfaktor eine große Rolle. Bis wann möchte Ihr Kunde die Dienstleistung einsetzen? Manche Zeitvorstellungen der Kunden sind unrealistisch. Deshalb ist es von großer Wichtigkeit, zu definieren, wann Ihr Kunde die Soll-Situation erreicht haben möchte und was die Soll-Situation definiert.

Zwischen der Anlieferung im Unternehmen und dem reibungslosen Einsatz, inklusive der Schulungen der Mitarbeiter, kann ein großer Zeitraum liegen. Hier ist es also wichtig, vom konkreten Endergebnis bis heute rückwärts zu rechnen, um die Zwischenschritte zeitlich zu definieren. Was ist, wenn Verspätungen eintreten? Hat der Zeitfaktor eine hohe Priorität bei der Entscheidung für Ihr Produkt oder eher eine geringe? Klären Sie das, es gibt Ihnen und Ihrem Kunden ein Gefühl von Sicherheit.

> **Konkrete Fragen für diesen Bereich sind**
> - *„Wann genau muss die Lieferung erfolgen? Welche Schritte müssen davor geklärt werden?"*
> - *„Ab wann soll die Dienstleistung eingespielt und routiniert laufen?"*
> - *„Welchen Einfluss hat die Urlaubszeit in Ihrem Hause auf unsere Dienstleistung?"*
> - *„Welche Folgen hat eine verspätete Lieferung für Ihr Unternehmen oder Ihre Abteilung?"*
> - *„Welche Folgen hat diese Verspätung für Sie persönlich?"*

9.4 Welche Entscheidungs- und Bestellprozedere gibt es?

Es ist immer wieder erstaunlich, wie selten Vertriebsmitarbeiter nach den Entscheidungs- und Bestellprozedere beim Kunden fragen. Oft wird der ganze Angebots- und Präsentationsprozess durchlaufen, um am Ende zu erfahren, dass der Entscheider nie dabei war. Ja, im schlimmsten Fall, gar nichts von den Plänen wusste.

Ihr Gesprächspartner kann zwar der alleinige Entscheider sein, das heißt aber nicht, dass er seine Entscheidung alleine und einsam im stillen Kämmerlein trifft. Sehr oft hält er Rücksprache mit seinen „Beratern" und lässt sich mehr oder weniger von Meinungen und Ansichten Anderer beeinflussen. Diese Berater können im internen Kreis der Firma sitzen oder aber auch außerhalb, wie zum Beispiel in

9.4 Welche Entscheidungs- und Bestellprozedere gibt es?

der Familie oder in einem Beratungsunternehmen. Lesen Sie dazu auch nochmals in Kap. 3 über die vier Rollen unserer Gesprächspartner: Empfehler, Abzeichner, Entscheider und Beeinflusser.

Sind die Berater innerhalb der Firma, dann sollten Sie stets darauf bestehen, dass sie bei der Präsentation anwesend sind. Egal, wie offen und ausführlich das Gespräch mit Ihrem Ansprechpartner abläuft, Ihr Gesprächspartner kann Ihr Produkt oder Ihre Dienstleistung nicht wirklich an seine Kollegen verkaufen. Er wird Ihr Angebot immer mit seinen Augen sehen und weitergeben, was er mit seinen Ohren verstanden hat. Das ist nicht zwangsläufig das, was Sie gesagt bzw. erklärt haben.

Der Grund dafür liegt nicht darin, dass Ihr Kunde zu dumm wäre, wiederzugeben, was er gehört oder gesehen hat. Der Grund liegt in der selektiven Wahrnehmung, die Menschen haben. Menschen sehen und hören, was sie sehen und hören wollen. Sie richten ihre Aufmerksamkeit auf Dinge und Eigenschaften, die ihnen wichtig erscheinen. Was Sie sagen und denken oder Ihr Ansprechpartner sagt oder denkt, kann der Berater in seiner Funktion als Controller, als Anwender oder als erfahrener Kollege ganz anders sehen. Dadurch sind die Fragen des Controllers oder jedes weiteren Beraters ganz andere als die Ihres Gesprächspartners. Auch die Antworten, die Ihr Gesprächspartner seinen Beratern gibt, werden aus seiner Sicht der Dinge erfolgen und damit nie objektiv sein. Außerdem hat jeder der vier Rolleninhaber (Empfehler, Entscheider, Beeinflusser und Abzeichner) vollkommen unterschiedliche Interessen, weshalb für etwas eine Investition getätigt werden soll. Deshalb ist es so wichtig, die Berater so weit wie möglich mit ins Boot zu holen.

Wenn Ihr Gesprächspartner nicht der Entscheider oder Alleinentscheider ist, dann gilt dasselbe natürlich auch für die Mitentscheider. Hier sollten Sie sich einige Regeln zu Eigen machen.

> **Regeln für den Umgang mit Entscheidern und Mitentscheidern**
> - Bestehen Sie bei Beratern, die im Unternehmen sind, bei Mitentscheidern und natürlich besonders, wenn ein anderer der Hauptentscheider ist, darauf, dass diese bei Ihrem Gespräch mit am Tisch sitzen. Oder, dass Sie, bevor Sie sich an die Ausarbeitung Ihres Angebotes machen, mindestens zehn Minuten mit den (Mit-)Entscheidern sprechen können. Sagen Sie, dass laut Ihrer internen Zertifizierungsregeln die Erstellung eines Angebotes sonst nicht möglich ist.
> - Erstellen Sie keine Präsentation und kein Angebot, bevor diese Personen nicht die Gelegenheit hatten, ihre Fragen zu stellen und ihre Meinungen und Ansichten offen mit Ihnen zu besprechen.

> - Brechen Sie das Gespräch ab, wenn Ihr Gesprächspartner hierzu nicht bereit ist. Denn Ihr Angebot und Ihre Präsentation erfolgen sonst ins Blaue hinein und Sie werden enttäuscht.

Mit versteckten „bösen Dritten" zu kämpfen, ist kein Kontakt auf Augenhöhe mit Ihrem Kunden. Der „böse Dritte" ist die Person, die unserem Kunden hilft, keine Entscheidung treffen zu müssen. Dabei wird er gerne als Überraschung aus dem Hut gezaubert. Deshalb ist es sehr wichtig, im Vorfeld abzuklären, wer als „heimlicher" oder offizieller Berater fungiert.

Berater, die sich außerhalb der Firma befinden, zum Beispiel zur Familie Ihres Kunden gehören, mit an den Tisch zu bekommen, ist eher unwahrscheinlich. Wobei fragen erlaubt ist. Lassen Sie sich diese Berater beschreiben, finden Sie über das Gespräch heraus, welcher Typus Mensch diese Person ist. Und fragen Sie während Ihres Gespräches mit Ihrem Kunden immer wieder einmal nach, was er glaubt, was der „Berater" jetzt empfehlen würde. Das hilft insoweit, dass sich Ihr Kunde in diesem Moment Gründe und Argumente zurechtlegt, um den „Berater" zu überzeugen.

Klären Sie mit Ihrem Kunden genau das Bestellprozedere ab. Muss eine Bestellung von mehreren Mitarbeitern unterzeichnet werden und welcher Zeitaufwand ist das erfahrungsgemäß? Fehlende Unterschriften oder die Auslandsreise eines der Mitentscheider haben schon manchen Zeitplan zum Einsturz gebracht oder den endgültigen Abschluss verhindert. Hier ist es wichtig, dass Sie und Ihr Kunde darauf achten, solche Schwachstellen rechtzeitig zu erkennen. Gibt es besondere Formulare für das Bestellwesen oder firmeninterne Normen, die berücksichtigt werden müssen?

> **Konkrete Fragen für diesen Bereich sind:**
> - *„Wer entscheidet mit Ihnen mit?"*
> - *„Sie sind der Alleinentscheider? Mit wem halten Sie in der Regel Rücksprache, wenn Sie eine Entscheidung dieser Größenordnung treffen?"*
> - *„Mit wem stimmen Sie aus organisatorischen Gründen Ihre Entscheidung ab?"*
> - *„Wer im Unternehmen könnte Bedenken gegen die Anschaffung dieses Produktes oder dieser Dienstleistung äußern?"*
> - *„Welche Wünsche könnten aus welchen anderen Abteilungen geäußert werden, die Sie bei dieser Anschaffung beachten möchten?"*

- „Sie haben mir erzählt, dass Sie Entscheidungen von dieser Tragweite gerne abends noch einmal mit Ihrer Frau besprechen. Auf welche Punkte weist Sie Ihre Frau erfahrungsgemäß hin?"
- „Welchen Background hat Ihre Frau – ist sie vom Fach oder unterstützt sie Sie mit ihrem gesunden Menschenverstand?"
- „Möchte sich Ihre Frau gerne einmal unsere Produktion ansehen oder ein Modell in die Hand nehmen?"
- „Wie ist das offizielle Bestellprozedere in Ihrem Hause?"
- „Wer muss den Auftrag mit unterzeichnen? Wie sieht es mit Urlaubszeiten der Mitunterzeichner während des Kaufprozesses aus?"
- „Wer könnte gegen die Entscheidung sein Veto einlegen?"
- „Wie lange läuft der bisherige Miet-/Leasingvertrag?"
- „Wie werden Sie aus dem bisherigen Miet-/Leasingvertrag aussteigen?"

9.5 Letzte Absicherung

Egal, wie gut Ihr Fragenkatalog ist, aufgrund der Individualität Ihrer Kunden könnte eine wichtige Frage nicht angesprochen worden sein. Diese Frage ist Ihnen wahrscheinlich überhaupt nicht bewusst, deshalb können Sie sie auch nicht stellen. Sie brauchen darum eine letzte Versicherung, dass kein wichtiger Bereich vergessen wurde – außer dem genauen Anspruch an das Produkt bzw. die Dienstleistung natürlich, der im Anschluss genau besprochen wird. Um das „Vergessene" zu erfahren, fragen Sie danach?

Konkrete Fragen für diesen Bereich sind:
- „Habe ich einen wichtigen Bereich vergessen?"
- „Gibt es irgendetwas, das wir unbedingt noch ansprechen sollten?"
- „Steht noch ein Gedanke oder ein Gefühl zwischen uns?"
- „Gibt es etwas, das Sie persönlich an mir stört oder an meinem Unternehmen?"
- „Gibt es etwas, das Sie mir gerne auf den Weg mitgeben möchten?"
- „Gibt es eine Frage, die Sie mir gerne stellen möchten? Diese kann auch persönlicher Natur sein. Vielleicht etwas, das in Ihrem Bauchgefühl ein Grummeln verursacht?"

Erst danach sollten Sie auf die konkreten Fragen zum Produkt oder zur Dienstleistung kommen, die sogenannten Informationsfragen.

Ein sehr wichtiger Grund für diese vielen Beispiele an Bedeutungsfragen liegt nicht nur darin, dass es für Sie als Verkäufer keine bösen Überraschungen geben soll, sondern Sie haben damit einen großen Teil der möglichen Einwände schon proaktiv bearbeitet, ohne dass sie als Einwände jemals aufgetaucht sind. Wenn Ihr Kunde einen Einwand gegen Ihr Produkt bringt, so stellt die althergebrachte Einwandbehandlung immer eine Form der Rechtfertigung dar. Wenn Sie sich für Ihr Produkt oder eine Produkteigenschaft rechtfertigen müssen, verlieren Sie sehr schnell an Augenhöhe. Rechtfertigung bedeutet Stress! Wenn Sie dagegen zu Ihrer Aussage stehen und Ihrem Kunden die Wahl lassen, ob er mit diesem Umstand zurechtkommt oder nicht, bleiben Sie auf Augenhöhe. Das sieht dann so aus:

> **Beispiel: Mögliche Einwände vorab klären, Variante I**
>
> Angenommen, Ihre Frage nach der Lieferzeit wird von Ihrem Kunden mit „maximal vier Wochen" beantwortet. Nun beträgt Ihre Lieferzeit aber acht Wochen ...
> **Sie, der Verkäufer:** *„Damit die technischen Produkte unseren versprochenen Qualitätsstandards entsprechen, werden sie durch eine zusätzliche Qualitätskontrolle überprüft. Daraus ergibt sich eine Lieferzeit von acht Wochen. Möchten Sie ein Produkt mit diesem Qualitätslevel einsetzen oder ist Ihnen eine kurze Lieferzeit wichtiger?"*
> **Ihr Kunde:** *„Mir ist der Qualitätslevel wichtiger – ich akzeptiere die Lieferzeit. Sie darf aber die acht Wochen nicht überschreiten. Können Sie das garantieren?"* **Sie, der Verkäufer:** *„Das kann ich Ihnen garantieren. Ich habe Sie richtig verstanden, die Lieferzeit von acht Wochen ist für Sie in Ordnung?"*
> **Ihr Kunde:** *„Ja, sie ist in Ordnung."*

Auch hier wieder das Grundprinzip, dass Sie eine klare, verbindliche Antwort auf eine klare, eindeutige Frage brauchen. Hier hat sich Ihr Kunde für die sichere Qualität entschieden. Das war seine freie Wahl und er fühlt sich danach auch mit seiner Entscheidung wohl. Er wurde zu nichts überredet. Doch was passiert, wenn er die schnelle Lieferung der qualitativ hochwertigen vorzieht?

> **Beispiel: Mögliche Einwände vorab klären, Variante II**
>
> **Sie, der Verkäufer:** *„Damit die technischen Produkte unseren versprochenen Qualitätsstandards entsprechen, werden sie durch eine zusätzliche Qualitätskontrolle überprüft. Daraus ergibt sich eine Lieferzeit von acht Wochen. Möch-*

9.5 Letzte Absicherung

ten Sie ein Produkt mit diesem Qualitätslevel einsetzen oder ist Ihnen eine kurze Lieferzeit wichtiger?"

Ihr Kunde: *"Ja, die ist mir wichtiger. Was können Sie machen, dass es schneller geht?"*

Sie, der Verkäufer: *"Es gibt keine Möglichkeit, die Lieferung zu beschleunigen. Eine Beschleunigung hätte Auswirkungen auf die Qualität. Unsere Produkte zeichnen sich durch das spezielle Verfahren aus und die daraus resultierende Qualität. Wann immer wir von diesem Qualitätsstandard abgewichen sind, ergaben sich Probleme, über die die Kunden nicht erfreut waren. Deshalb bleiben wir bei der Lieferzeit von acht Wochen. Möchten Sie unser Qualitätsprodukt einsetzen oder nicht?"*

Ihr Kunde: *"Unter diesen Umständen nicht."*

Sie, der Verkäufer: *"Ich schätze Ihre offenen Worte. Gerne stehe ich Ihnen zur Verfügung, wenn Sie Ihre Meinung ändern. Für heute hat es keinen Sinn, dass wir unsere Zeit in eine längere Besprechung investieren. Ich wünsche Ihnen alles Gute."*

Ihr Kunde: *"Vielen Dank für Ihren Besuch ..."*

Das ist Konsequenz! Bleiben Sie bei Ihrer Aussage. Wenn Sie hier leere Versprechungen machen, verliert Ihr Kunde sein Vertrauen und wird ganz sicher nicht mehr bei Ihnen kaufen. Wenn Sie beispielsweise sagen: *"Da finde ich einen Weg. Ich ziehe Sie einfach vor. Dann liefern wir eben eine andere Bestellung später aus."* Dann weiß Ihr Kunde, dass er diesen „Service" nur deshalb bekommt, weil es sich um ein Neukundengeschäft handelt. Beim nächsten Mal ist er derjenige, welcher mit einer Ausrede in der Lieferung nach hinten verlagert wird. Und wenn ihn kein „Notumstand" dazu zwingt, wird er die Geschäftsbeziehung letztendlich nicht mit Ihnen eingehen. Diese Entscheidung trifft er bereits in diesem Moment, bewusst oder unbewusst. Sie dagegen erfahren es erst am Ende des Verkaufsprozesses.

Die offene Ansprache aller möglichen Umstände bewahrt Sie davor, den Kunden von etwas überzeugen zu müssen. Jede Überzeugungsarbeit hat ihren Preis und ist für Sie eine starke Stresssituation. Diese Überzeugungsarbeit hat immer etwas mit dem Gewinnen oder Verlieren eines Kampfes zu tun. Entweder Ihr Kunde gibt nach, dann fühlt er sich als Verlierer und wird später bei der Preisverhandlung versuchen, wieder an Punkten zu gewinnen, oder Sie geben nach und überlegen sich bereits jetzt, was Sie Ihren Kollegen in der Produktion oder Ihrem Chef erzählen werden, warum genau bei diesem Kunden eine schnellere Lieferung sein musste. Ganz zu schweigen von der „guten Geschichte", die Sie dem Kunden erzählen werden, dessen Lieferung jetzt mit Verspätung kommt. Jede Überzeugung zielt darauf ab, mit langfristigem Verlust für kurzfristigen Gewinn zu bezahlen.

Konsensitives Verkaufen bedeutet, auf eine nachhaltige Beziehung zu Ihrem Kunden zu setzen. Das heißt, Ihr Kunde entscheidet sich für die Qualität vor der schnelleren Lieferung, wenn ihm diese wichtig ist. Ansonsten eben anders herum. Wobei Sie, wenn Sie dem Kunden die Wahl lassen, natürlich alle Erfahrungswerte, Kennzahlen, besondere Testergebnisse als Begründung erwähnen sollten. Ihr Kunde muss alle Fakten kennen, um eine professionelle Entscheidung zu treffen.

Lassen Sie Ihrem Kunden die Wahl, auch wenn er sie zu Ihren Ungunsten treffen kann. In Ihrer Beziehung mit Ihrem Kunden sind Sie zu diesem Zeitpunkt bereits sehr weit fortgeschritten, vertrauen Sie darauf, dass kein Kunde hier leichtfertige Entscheidungen trifft.

Erfolgsrezept

Sie sind erfolgreich mit diesen fünf Prinzipien:
1. Durch das Stellen von Fragen steuern Sie den Verkaufsprozess und schützen sich vor Vor- und Einwänden.
2. Stellen Sie Fragen zur Ist-Situation und zum Soll-Zustand.
3. Klären Sie das Budget und bestimmen Sie die Zeitumstände. Bis wann muss die Lieferung oder die Dienstleistung erfolgen?
4. Fragen Sie nach der Entscheidungs- und Bestellprozedere beim Kunden.
5. Fragen Sie nach, was noch nicht angesprochen wurde, jedoch für die Entscheidung zu kaufen für Ihren Kunden wichtig ist.

Literatur

Wikipedia. 2015. *AIDA-Modell*. http://de.wikipedia.org/wiki/AIDA-Modell. Zugegriffen: 28. April 2015.

Wann Ihr Kunde zufrieden ist 10

▶ Welche Wünsche und Vorstellungen hat Ihr Kunde? Nicht jede Eigenschaft Ihres Produktes oder Ihrer Dienstleistung entspricht seinen Vorstellungen. Kämpfen oder Feilschen um die Details bringt Sie auf jeden Fall in einen Nachteil. Welche anderen Möglichkeiten haben Sie?

Die Antworten auf die Fragen von Kap. 8 und 9 sind die Basis einer vertrauensvollen Zusammenarbeit. Jetzt geht es um die Anforderungen, die Ihr Produkt oder Ihre Dienstleistung erfüllen muss, damit Ihr Kunde zufrieden ist. Wenn Sie hier die richtigen Fragen stellen, weiß Ihr Kunde auch, was er will.

Einen großen Teil dieser Fragen haben Sie auch im klassischen Verkaufen gestellt. Ohne diese Fragen wäre die Definition des Produktes oder der Dienstleistung, die Sie verkaufen, nicht durchführbar. Ein Beispiel: Sie gehen in ein Schuhgeschäft, um ein Paar Schuhe zu kaufen. Die Verkäuferin kommt auf Sie zu und stellt Ihnen eine Reihe von Fragen, ohne die der Vorgang „Schuhe kaufen" nicht möglich wäre. Wie zum Beispiel:

- *„Welche Schuhgröße haben Sie?"*
- *„Welche Art von Schuh soll es sein? Stiefel? Sandaletten? Feste Schuhe? Slipper? Pumps?"*

Solche Fragen stellt jeder Verkäufer, egal, ob jung oder alt, erfahren oder unerfahren, ausgebildet oder nicht und egal welche Branche.

Mit zunehmender Erfahrung werden diese Fragen präziser und detaillierter und die Verkäuferin spart sich überflüssige Wege ins Lager, um den „richtigen" Schuh zu finden.

Schwieriger wird es nun, wenn Ihr Kunde zum Beispiel ein Angebot von Ihnen wünscht, das im Vergleich zu den bisherigen Lieferungen schneller, höher, farbiger, leichter, besser im Handling, günstiger im Preis, flexibler und vieles mehr sein soll. Denn das sind subjektive Begriffe. Damit Ihr Kunde hier eine wirklich zufriedenstellende Entscheidung treffen kann, müssen diese Anforderungen messbar gemacht werden. Sie müssen so definiert werden, dass ein unbeteiligter Dritter als Schiedsrichter auftreten kann, um deutlich darzulegen, zu wie viel Prozent die Forderung des Kunden erfüllt wird.

10.1 Hochgradig subjektiv: Vorstellungen und Forderungen

Wenn Forderungen von Käufern an den Lieferanten gestellt werden, glauben viele Verkäufer, genau zu wissen, was der Kunde meint. Das ist oft unmöglich. Meist wissen nicht einmal die Kunden genau, was sie damit meinen. Der Kunde hat ein bestimmtes Bild im Kopf oder ein bestimmtes Erlebnis und vergleicht Ihr Produkt oder Ihre Dienstleistung mit diesem Referenzbild. Hier können Sie, als Verkäufer, nicht mithalten, egal, wie gut Sie sind. Ihnen fehlt zum Vergleich die Referenz. Also brauchen Sie und Ihr Kunde eine allgemein zugängliche Referenz, damit Ihr Angebot seinen Vorstellungen entspricht.

Diese Präzision kennen Sie aus der Zielplanung. Ein Ziel sollte folgende Kriterien erfüllen:

- messbar (Einheit),
- konkret
- formuliert,
- zeitlich begrenzt,
- positiv formuliert,
- etwas flexibel,
- passend/realistisch.

Das Ziel „ich will reicher werden" ist kein Ziel, das ist eine Vision. Zum Ziel und damit planbar wird es durch eine messbare Definition. Was bedeutet „reich"? Reich an was? Geld? Freunden? Freizeit? Wann ist „reicher" erreicht? Wenn man jedes zweite Wochenende in den Bergen verbringt? Wenn auf der nächsten Geburtstagsparty zehn Gäste mehr sind? Wenn das monatliche Gehalt eine „0" mehr vor dem Komma hat?

10.1 Hochgradig subjektiv: Vorstellungen und Forderungen

Gerade im Vertrieb sind diese genauen Zielplanungen schon lange ein „Muss". Erstaunlicherweise jedoch sehr selten bei den Verhandlungen zwischen Lieferanten und Kunden. Hier ist der Besserwisser-Verkäufer wieder voll in seinem Element. Dieser Verkäufer versäumt es, zu fragen, was der Kunde denn genau meint. Meistens, weil er glaubt, das schon zu wissen. Der Besserwisser-Verkäufer glaubt auch zu wissen, dass der arme dumme Kunde das gar nicht so genau gemeint hat. Er, als König der Verkäufer, wird ihn, den armen Kunden, dann schon davon überzeugen, dass ein bisschen mehr oder weniger genauso passt.

Das Problem des Besserwisser-Verkäufers ist, dass er auf diese Weise keine dauerhafte Beziehung mit seinen Kunden aufbauen kann. Früher oder später fallen ihm seine Ungenauigkeiten vor die Füße. Und dann bleibt ihm nur noch, sich bestätigt zu fühlen: Der Kunde, der jetzt kein Kunde mehr ist, war eben einfach zu dumm ...

Nehmen Sie Ihren Kunden lieber so ernst, wie Sie selbst gerne ernst genommen werden möchten. Starten Sie damit, Eigenschaften eines Produktes oder einer Dienstleistung messbar zu definieren. Unter Umständen muss Ihr Kunde dafür „Hausaufgaben" erledigen. Doch ohne diese Daten und Fakten brauchen Sie kein Angebot zu erstellen, die Trefferquote wäre sonst wie beim Lotto. Kernpunkt beim Konsensitiven Verkaufen ist: Sie erstellen ein Angebot aufgrund der Eigenschaften Ihres Produktes im Zusammenhang mit den Anforderungen Ihres Kunden.

Angenommen, Ihr Kunde wünscht mehr Qualität. Ihr Unternehmen hat sich höchste Qualität auf die Fahne geschrieben. Das ist auch ein Grund, warum Ihre Kunden gerade von Ihrem Unternehmen ein Angebot haben möchten und einem Termin mit Ihnen zugestimmt haben. Sie versichern hier aus voller Überzeugung, dass diese Qualität von Ihnen geliefert wird. Unterstützen werden Sie Ihre Aussage dadurch, dass Sie zum einen auf die lange Tradition Ihres Unternehmens hinweisen und zum anderen mindestens drei Referenzkunden nennen können, die Ihren Qualitätsstandard gerne bezeugen werden. Dies geschieht nach bestem Wissen und Gewissen. Doch so einfach ist es nicht. Denn Sie wissen ja unter Umständen gar nicht, was Ihr Gesprächspartner unter Qualität versteht! Und wie er feststellt, dass es sich um eine qualitativ hochwertige Lieferung handelt. Hier besteht die Gefahr, dass Sie im Zweifel verlieren, wenn Sie nicht gleich zu Beginn eine gemeinsame Referenz schaffen, was Qualität in diesem Fall genau bedeuten soll. Messbar! Denn falls Ihrem Kunden an Ihrem Angebot am Ende etwas nicht passt oder er aus anderen Gründen seine Kaufentscheidung umdisponiert, hat er ansonsten einen berechtigten Grund. Er legt Ihnen eine Qualitätsdefinition vor, die Sie nicht erfüllen können. Wahrscheinlich kann das keiner, nur das ist nicht von Belang. Jetzt geht es um Ihr Produkt oder Ihre Dienstleistung. Schade um den Aufwand im Vorfeld.

10.2 Von subjektiven Wünschen zu messbaren Anforderungen

Um erfolgreiche Antworten auf Zufriedenheitsfragen zu erhalten, ist es ausgesprochen wichtig, subjektive Äußerungen zu objektivieren und in messbare Anforderungen zu verwandeln. Tun Sie es! Und zwar durch die richtigen Fragen.

Bevor Sie mit den Zufriedenheitsfragen starten, hat Ihr Kunde die Bedeutungsfragen beantwortet. Die Antworten haben Ihnen einen guten Einblick in die derzeitige Situation Ihres Kunden gegeben. Ihr Produkt oder Ihre Dienstleistung bietet eine Lösung, die diese Situation optimieren bzw. Unerwünschtes eliminieren soll.

Ob und wie Ihr Produkt oder Ihre Dienstleistung das kann, klären Sie im Gespräch in der Phase der Zufriedenheitsfragen. Einige Fragen und Antworten aus der Phase der Bedeutungsfragen überschneiden sich mit den Fragen und Antworten, die den Bereich Zufriedenheit betreffen. Wenn es dem Fragefluss dient, lassen Sie sich die Antworten noch einmal bestätigen und bauen mit einer Zufriedenheitsfrage darauf auf. Dies sieht dann so aus:

> **Beispiel: Zufriedenheit im Voraus erfragen**
> **Sie, der Verkäufer:** *„Herr Stakemair, Sie haben mir vorhin erklärt, wie wichtig es ist, dass Ihre Mitarbeiter das Verkaufstraining noch vor dem Saisongeschäft im Herbst erhalten. Richtig?"*
> **Ihr Kunde:** *„Genau. Die Geschäftsleitung wünscht sich, dass die Vertriebsmitarbeiter gestärkt und motiviert in die Saison starten."*
> **Sie, der Verkäufer:** *„Was verstehen Sie unter gestärkt und motiviert?"*
> **Ihr Kunde:** *„Die sollen nicht mehr so viel jammern, und natürlich sollen auch die Umsätze mindestens die Vorjahreshöhe erreichen, wenn nicht mehr."*
> **Sie, der Verkäufer:** *„Wer entscheidet denn, dass nicht mehr so viel gejammert wird?"*
> **Ihr Kunde:** *„Eine gute Frage. Darüber habe ich mir noch keine Gedanken gemacht. Wir brauchen einfach eine bessere und motiviertere Stimmung hier."*
> **Sie, der Verkäufer:** *„Das heißt, wir erstellen im Vorfeld einen Fragebogen, der ein Stimmungsbarometer darstellt, und lassen ihn von den Mitarbeitern ausfüllen, dann wiederholen wir ihn direkt nach dem Training und, sagen wir, einen Monat später noch einmal. Möchten Sie das?"*
> **Ihr Kunde:** *„Das klingt nach einer guten Idee. Um wie viel Prozent verbessert sich anschließend die Stimmung?"*
> **Sie, der Verkäufer:** *„Das weiß ich nicht. Aber Ihre Mitarbeiter wissen das. Ich bin überzeugt davon, dass Mitarbeiter genau wissen, in welchem Stim-*

10.2 Von subjektiven Wünschen zu messbaren Anforderungen

mungsklima sie arbeiten wollen. *Fragen wir sie, um wie viel Grad sich die Stimmung verbessern soll. Natürlich geben auch Sie, als Führungskraft, eine Bewertung über den Ist- und Soll-Zustand ab. Dabei ist es sehr wichtig, zu wissen, was Ihre Mitarbeiter bereit sind, dafür zu tun, damit die eigene Motivation wieder steigt. Ich kann die Stimmung der Mitarbeiter nicht ändern. Doch ich kann sie auf Jammer-Gewohnheiten hinweisen. Ich kann ihnen auch Werkzeuge zeigen, die ihnen helfen, aus Verkaufssackgassen herauszukommen. Doch ihre Stimmung können sie nur selbst verbessern. Die meisten Mitarbeiter wollen dies auch und tun sehr viel dafür, wenn sie den Wald trotz der vielen Bäume wieder sehen. Ist dieser Fragebogen mit der Ist- und Soll-Analyse ein Maßstab, der aufzeigen kann, wie ein Mehr an Motivation aussieht, der für Sie zählt?"*

Ihr Kunde: *„Ja, eine sehr gute Idee."*

Sie, der Verkäufer: *„Was läuft gut in den Verkaufsgesprächen? Was läuft weniger gut? Was muss sich verändern?"*

Kunde: ...

Wenn Sie nun die beiden Beispiele, die Zufriedenheitsfragen der Schuhverkäuferin nach Größe und Art der Schuhe mit denen des Trainingsverkäufers vergleichen, ist deutlich zu sehen, dass die Definition der Zufriedenheit mit einem Produkt oft leichter ist als mit einer Dienstleistung. Aber beides ist möglich.

Profis haben immer eine Liste mit Fragen dabei und verlassen sich nicht auf ihr Gedächtnis. Sammeln Sie Fragen, die die Anforderungen Ihres Kunden an das Produkt oder die Dienstleistung plausibel und die Zufriedenheit messbar machen, die erfüllt werden muss. Manche Fragen liegen klar auf der Hand, andere wurden nie gestellt und poppten erst in der Reklamationsbearbeitung als Begründung auf, warum im Nachhinein ein Preis gekürzt werden soll oder es keinen Folgeauftrag gibt. Für Ihren Fragenkatalog können auch die Bereiche Budget, Service und Qualität aus Kap. 5 als roter Faden dienen.

Zufriedenheitsfragen für ein Produkt
- Wie groß (lang, hoch, schwer, leicht usw.) soll es sein? Welche Leistung soll es bringen?
- Welche Farben sollen vorherrschen?
- Welches Corporate Design soll es beinhalten? Welches Verfahren soll eingesetzt werden?
- Zu welchem System muss es kompatibel sein? Wie viel soll es kosten?
- Welche Rendite muss es bringen?

- Wie schnell muss es geliefert werden? Welche Verpackungseinheit wünschen Sie? Wie soll der Rahmenvertrag aussehen? Welche Fehlertoleranzgröße gibt es? Welche Wartungsintervalle wollen Sie? Welche Garantiezeiten brauchen Sie?
- Sind Sie bereit, für die verlängerte Garantiezeit fünf Prozent mehr zu bezahlen?

(*Hier handelt sich nur um einen Bruchteil der Fragemöglichkeiten, die dem Verkauf eines spezifischen Produktes vorausgehen. Sie dienen der Veranschaulichung von Zufriedenheitsfragen und erheben keinen Anspruch auf Vollständigkeit.*)

Zufriedenheitsfragen für eine Dienstleistung
- Wie viele Mitarbeiter sollen vor Ort sein?
- Wie viele Stunden pro Woche sollte der Einsatz dauern?
- Was bedeutet schneller (höher, sauberer, detaillierter, zufriedener, farbiger, mehr Umsatz, günstiger, weicher, angenehmer, wärmer, größer, u.v.m.)?
- Wie viele Einheiten sollen durchgeführt werden?
- Wie groß sollen die Gruppen sein?
- Bis wann muss es abgeschlossen sein?
- Wann sollen wir starten?
- Wie groß sollen die Intervalle sein?
- Wie oft sollen die Lieferintervalle stattfinden?

(*Hier handelt sich nur um einen Bruchteil der Fragemöglichkeiten, die dem Verkauf einer spezifischen Dienstleistung vorausgehen. Sie dienen der Veranschaulichung von Zufriedenheitsfragen und erheben keinen Anspruch auf Vollständigkeit.*)

10.3 Höre die Antwort!

Viele dieser Fragen haben Sie ständig im Einsatz. Sie haben sie schon so oft gestellt, dass Sie die Antworten oft gar nicht mehr richtig hören. Doch egal, wie einfach eine Frage ist, je ungenauer Sie auf die Antwort hören, desto schwieriger wird es, die Zufriedenheit Ihres Kunden zu erhalten.

10.3 Höre die Antwort!

Es kommt nicht nur darauf an, *was* Ihr Kunde antwortet, sondern auch, *wie* er antwortet.

> **Beispiel: Zögern, zuhören, klären**
> **Sie, der Verkäufer:** *„Herr Günther, wie viele Stücke werden Sie brauchen?"*
> (Ihr Kunde zögert mit der Antwort, dann kommt ganz schnell …)
> **Ihr Kunde:** *„… 250.000 Stück"*
> **Sie, der Verkäufer:** *„Sie haben gerade etwas gezögert. Gibt es bei dieser Stückzahl eine Unsicherheit oder Bedenken?"*
> **Ihr Kunde:** *„Sie haben Recht, ich bin mir nicht sicher, ob die Serviceabteilung sich bereits um die Werkzeugumstellung gekümmert hat, ob überhaupt so viele Werkzeuge zur Bearbeitung da sein werden. Dann müssten wir die Bestellung nämlich halbieren (oder verdoppeln)."*
> **Sie der Verkäufer:** *„Da dies einen gravierenden Unterschied für unsere Produktion darstellt, schlage ich vor, Sie klären das sofort."*
> **Ihr Kunde:** *„Sie haben Recht …"*

Ihre Kunden sind auch nur Menschen. In der Welt unseres Kunden gibt es Dinge, die er vergisst, Abteilungen, mit denen er nicht so gerne spricht, Hindernisse, die unvorhergesehen auftreten. Wenn Ihnen bei der Beantwortung der Fragen durch Ihren Kunden etwas auffällt, sprechen Sie es an. Lieber fragen Sie einmal zu viel nach als einmal zu wenig.

Alles, was Sie jetzt klären, wird später nicht als Bumerang auf Sie zukommen. Das Gleiche gilt auch dann, wenn Sie die Antwort Ihres Kunden nicht verstehen. Auch wenn er Fremdwörter benutzt, bei denen Sie sich im Moment kein Bild machen können: Fragen Sie nach! Lesen Sie dazu auch nochmals in Kap. 8, über den Klick-Surr Effekt.

Die Fachsprache und das Fachvokabular sind in jeder Branche wichtig. Einerseits. Andererseits erlebe ich immer wieder, wie viele Missverständnisse es gibt, weil einer der Gesprächspartner nicht zugibt, dass er den anderen nicht exakt verstanden hat.

Am Anfang meiner Laufbahn im Vertrieb von IT-Produkten habe ich viele Fachbegriffe nicht verstanden. Komischerweise war es nie ein Problem, zu sagen, dass ich „neu" bin und mich über eine anfängergerechte Formulierung freue. Im Gegenteil, mir fiel dabei auf, dass die Kunden anfingen, sich das Produkt selbst zu verkaufen, indem sie mir erklärten, was der Unterschied zwischen der einen oder anderen Produktvariante war. Damit erklärten sie sich gleich den Nutzen für ihre eigene Anwendung. Damals lernte ich auch, wie wichtig es ist, weniger zu sprechen als der Kunde und lieber mit Fragen zu führen.

10.4 Achtung vor leeren Worthülsen!

Ähnliches erlebe ich auch immer wieder im Verkaufstraining. Als Trainerin muss ich nicht jeden Fachbegriff verstehen. Ich kann fragen, ohne mein Gesicht zu verlieren. Dabei erlebe ich oft folgende Situationen:

- Viele Verkäufer können einen Fachbegriff nicht so erklären, dass ihre (neuen) Kollegen und ich ihn verstehen. Doch auch im Entscheiderteam des Kunden kann der eine oder andere sitzen, der den Fachbegriff nicht versteht, aber in seiner Funktion ein Recht auf das Verstehen hat.
- Fachbegriffe lösen so gut wie nie Bilder in unseren Köpfen aus. Das heißt, die Beschreibung eines Produktes oder seiner Eigenschaften wird zur leeren Worthülse, wenn sich keiner etwas darunter vorstellen kann. Leere Worthülsen lösen kein Begehren aus. Sie vermitteln auch keinen Wertunterschied. Ihr Kunde kann sich zwar gut vorstellen, wie er mehr Geld aus seinem Geldbeutel nimmt und hergibt, um ein Gerät zu bekommen. Aber im Gegenzug kann er sich kein Bild davon machen, was er dafür als Mehrwert erhält, weil sich dieser Mehrwert als Worthülse entpuppt. Damit entsteht ein Ungleichgewicht in den Emotionen beim Kaufen. Das führt oft dazu, dass sich Kunden im letzten Moment gegen den Kauf entscheiden.
- Es ist immer wieder erstaunlich, wie viele Vertriebsmitarbeiter einen Fachbegriff im falschen Kontext benutzen oder in arge Erklärungsnot kommen, wenn sie einem Laien diesen Begriff erklären sollen.

Nutzen Sie Fachbegriffe so wenig wie möglich und so oft wie nötig. Wenn Sie Fachbegriffe benutzen, sollten Sie sicher sein, dass Sie sie jederzeit verständlich erklären können. Vergessen Sie dabei nie: Im Konsensitiven Verkaufen stehen Sie mit Ihrem Kunden auf Augenhöhe. Sie müssen ihm nichts beweisen, und Sie müssen sich durch die Nutzung von Fachbegriffen nicht größer machen als Ihr Kunde. Im Gegenteil, Sie sind in einer partnerschaftlich entspannten Atmosphäre, und wenn Ihr Gesprächspartner Sie bittet, ihm den einen oder anderen Begriff zu erklären, und Sie erzählen ihm bei dieser Gelegenheit, dass es auch lange gedauert hat, bis Sie den Sinn verstanden haben, aber Ihnen heute eine bestimmte Eselsbrücke hilft, bringt Sie das Ihrem Kunden eher näher als von ihm weg.

Nicht nur Fremdwörter führen zu Missverständnissen, manchmal verstehen Sie die Antworten Ihres Kunden nicht, weil er Ihnen nicht wirklich auf Ihre Frage antwortet oder die Antwort so verwickelt formuliert, dass Sie einen Dolmetscher bräuchten, um das Wortgewirr aufzudröseln. Fragen Sie so lange nach, bis Sie ihn wirklich verstanden haben und sich im wahrsten Sinne des Wortes ein Bild von seiner Antwort machen können. Sie helfen damit sich – und sehr oft Ihrem Kunden, dem erst danach klar wird, was er wirklich braucht.

Im klassischen Verkaufen haben Sie Ihrem Kunden in dieser Situation gesagt, was er braucht. Sie haben ihn mit rhetorischen Tricks davon überzeugt, dass Sie genau wissen, was gut für ihn ist – ohne sicherzustellen, dass der Kunde selbst genau weiß, was er will, und ohne sicherzustellen, dass Sie genau verstanden haben, was er will. In vielen Fällen kommt dies als Bumerang zu Ihnen zurück. Das wäre noch der beste Fall, denn dann können Sie das Missverständnis vielleicht noch aufklären. Im schlechtesten Fall hören Sie erst wieder von Ihrem Kunden, wenn er auf der Kundenliste Ihres Konkurrenten auftaucht.

Anders beim Konsensitiven Verkaufen: Dadurch, dass Sie Fragen stellen, überreden Sie Ihren Kunden nicht zu etwas. Ihr Kunde antwortet mit seinen Wünschen. Sie sagen ihm daraufhin, ob Sie genau diese Anforderung erfüllen können. Wenn Ihr Produkt oder Ihre Dienstleistung von seiner Vorstellung abweicht, sprechen Sie darüber offen und zeigen auch Ihre Gründe für diese Abweichung auf, sowie den Nutzen, den Ihr Kunde dadurch hat. Anschließend klären Sie mit einer Frage, ob er die Abweichung akzeptieren will oder lieber ein anderes Produkt kauft.

10.5 Wenn Ihr Kunde nicht so will, wie Sie wollen

Nehmen wir an, Ihr Kunde interessiert sich für einen Handheld-Drucker – das ist ein Minidrucker, der zusammen mit einem Messgerät ausgeliefert werden soll, beides wird bei der Nutzung in der Hand gehalten. Sie bieten den Drucker in den Industriefarben Beigegrau (RAL 7006) und Signalgrau (RAL 7004) an. Ihr Kunde will ihn in Grünblau (RAL 5001). So sieht das Gespräch im Detail aus:

Beispiel: Die Anforderung exakt klären

Sie, der Verkäufer: *„Sie haben sich für den Handheld-Drucker ZO 2546 entschieden. Sie haben die Möglichkeit, den Drucker in den Farben Beigegrau (RAL 7006) oder Signalgrau (RAL 7004) zu bestellen. Welche Farbe möchten Sie gerne?"*

Ihr Kunde: *„Wir wollen den Drucker in Grünblau (RAL 5001), da unsere Messgeräte diese Farbe haben. Können Sie diese Farbe als Standard liefern?"*

Sie, der Verkäufer: *„Nein, wir liefern Grünblau nicht als Standardfarbe. Die beiden Grautöne haben sich als die gängigsten Farben herausgestellt. Hier können wir die besten Preise für Sie erzielen. Wenn Sie die Sonderfarbe RAL 5001 haben möchten, bedeutet dies einen Preisaufschlag von fünf Prozent des*

Druckerpreises. Möchten Sie eine der Standardfarben zum Normalpreis oder Ihren Blauton mit einem Aufpreis von fünf Prozent?"
Ihr Kunde: *"Wir akzeptieren den Aufpreis von 5%."*
Sie, der Verkäufer: *"Sind Sie sicher, dass Sie das möchten?"*
Ihr Kunde: *"Ja, dieser Farbton ist ein Teil unseres Corporate Designs, damit heben wir uns von unseren Mitbewerbern ab. Es war klar, dass wir mit einer Sonderfarbe immer einen Aufpreis haben."*

Hier hat Ihr Kunde eine klare Meinung und auch eine realistische Einstellung zu Sonderwünschen. Sie haben offen gesagt, warum Sie sich für diese Standardfarben entschieden haben und ihm eine Alternative angeboten, für die er sich entscheiden kann.

Anders sieht es aus, wenn Ihr Kunde die Sonderfarbe erwartet, aber nicht bereit ist, dafür einen Aufschlag zu zahlen. Dann sähe das Gespräch so aus:

> **Beispiel: Der Preis der Sonderwünsche ist strittig**
> **Sie, der Verkäufer:** *"Nein, wir liefern Grünblau nicht als Standardfarbe. Die beiden Grautöne haben sich als die gängigsten Farben herausgestellt. Hier können wir die besten Preise für Sie erzielen. Wenn Sie die Sonderfarbe RAL 5001 haben möchten, bedeutet dies einen Preisaufschlag von fünf Prozent des Druckerpreises. Möchten Sie eine der Standardfarben zum Normalpreis oder Ihren Blauton mit einem Aufpreis von 5%?"*
> **Ihr Kunde:** *"Wir erwarten, dass wir bei einer so großen Bestellung den Aufpreis nicht bezahlen müssen und wollen den Blauton zum Preis der Standardtöne."*
> **Sie, der Verkäufer:** *"Wie bereits gesagt, können Sie jede Sonderfarbe für einen Aufpreis von fünf Prozent erhalten. Durch unsere knappe Kalkulation ist eine Sonderfarbe nur mit Aufpreis möglich. Wollen Sie diesen Aufpreis akzeptieren oder nicht? Ein „Nein" ist vollkommen in Ordnung."*
> **Ihr Kunde:** *"Puh, Sie sind konsequent. Können Sie mir garantieren, dass dies der einzige Aufpreis ist?"*
> **Sie, der Verkäufer:** *"Wenn Sie bei der besprochenen Konfiguration des Druckers bleiben, ja. Wir haben Ihnen absolute Qualität und eine Garantie von 36 Monaten zugesagt. Dies geht auf Dauer nur mit stabilen Preisen. Wollen Sie den Blauton mit fünf Prozent Aufpreis?"*
> **Ihr Kunde:** *"Ja, das geht in Ordnung."*
> **Sie, der Verkäufer:** *"Sind Sie sicher?"*

10.6 „Nein" ist eine Entscheidung, kein Angriff!

Wenn Sie Ihre Produkte oder Ihre Dienstleistung bei Ihrem Kunden anbieten, machen Sie dies nicht mit einer Schüttelbox, indem Sie je nach Gespräch einmal schütteln und schauen, ob ein neuer Preis, eine andere Standardfarbe, eine neue Lieferzeit oder sonst eine Abweichung herauskommt. Sie gehen mit klaren Daten und Fakten und einem exakten Preis zum Kunden.

Jedes Mal, wenn Sie von diesen Daten, Fakten und dem Preis abweichen, bedeutet dies Stress für Sie. Sie haben nicht nur bei Ihrem Kunden um diese Abweichung gekämpft, sondern müssen diesen neuen Preis oder die Sonderfarbe auch bei Ihren Vorgesetzten und Kollegen durchsetzen. Außerdem merkt auch Ihr Kunde, dass Sie es mit Ihren Daten und Fakten nicht so genau nehmen. Ihr Kunde lernt schnell: Ein bisschen was geht immer.

Bleiben Sie hier klar und strukturiert, die Zeit und Energie, die Sie brauchen, um die Abweichungen in Ihrem Unternehmen durchzusetzen, können Sie auch in einen neuen Kunden investieren, der bereit ist, das Produkt bei Ihnen, zu Ihrem Preis, jetzt zu kaufen.

Doch wie reagieren Sie, wenn Ihr Kunde „Nein" sagt?

> **Beispiel: Keine Einigung bei den Sonderwünschen**
>
> **Sie, der Verkäufer:** ...
>
> **Ihr Kunde:** *„Wir erwarten, dass wir bei einer so großen Bestellung den Aufpreis nicht bezahlen müssen, und wollen den Blauton zum Preis der Standardtöne."*
>
> **Sie, der Verkäufer:** *„Wie bereits gesagt, können Sie jede Sonderfarbe für einen Aufpreis von fünf Prozent erhalten. Durch unsere knappe Kalkulation ist eine Sonderfarbe nur mit Aufpreis möglich. Wollen Sie diesen Aufpreis akzeptieren oder nicht? Ein „Nein" ist vollkommen in Ordnung."*
>
> **Ihr Kunde:** *„Dann schaue ich mich lieber noch einmal bei Ihren Mitbewerbern um."*
>
> **Sie, der Verkäufer:** *„Das ist vollkommen in Ordnung. Ich bin gerne für Sie da, wenn die fünf Prozent Aufpreis für die Sonderfarbe für Sie in Ordnung sind. Bis dahin wünsche ich Ihnen alles Gute."*

Achten Sie darauf, dass Sie den letzten Satz in einem neutralen Ton sagen. Es gibt keinen Grund, verärgert oder enttäuscht zu sein. Ihre Akzeptanz der Antwort Ihres Kunden macht Sie frei, um sich um den nächsten Kunden zu kümmern.

Ein „Nein" als normale Antwort anzuerkennen, gibt Ihnen ein ungeheures Standing. Wenn Sie hier nachgeben, kann es gut sein, dass Ihr Kunde bis zur endgültigen Bestellung noch mehr Forderungen stellt, alleine schon, um herauszufinden, wo Ihre Schmerzgrenze liegt. Bleiben Sie klar in Ihrer Antwort und stehen Sie zu den Konditionen, die Ihr Produkt oder Ihre Dienstleistung ausmachen. Sonderwünsche haben Sonderpreise!

In vielen Fällen wird Ihr Ansprechpartner zurückrudern, denn er weiß ja jetzt, dass Sie konsequent bleiben. Aber es muss für Sie auch vollkommen in Ordnung sein, wenn er stattdessen versucht, Ihren Mitbewerber im Preis zu drücken.

Erfolgsrezept

Sie sind erfolgreich mit diesen fünf Prinzipien:
1. Hören Sie genau hin – auch wenn Sie glauben, die Antwort bereits zu kennen.
2. Hinterfragen Sie Antworten Ihres Kunden, die Sie nicht verstehen oder nachvollziehen können. – Fragen Sie lieber einmal zu viel als einmal zu wenig.
3. Vermeiden Sie Worthülsen und unverständliche Fachbegriffe – Sie sind mit Ihrem Kunden auf Augenhöhe, Sie müssen ihm nicht durch eine gestelzte Sprache einen höheren Status beweisen.
4. Wenn Ihr Produkt von den Vorstellungen Ihres Kunden abweicht, sprechen Sie das sofort und direkt an – fahren Sie im Verkaufsprozess erst fort, wenn Ihr Kunde die Abweichung akzeptiert. Wenn Ihr Kunde diese Abweichung nicht akzeptiert, brechen Sie das Verkaufsgespräch ab.
5. Bleiben Sie klar in Ihrer Antwort und stehen Sie zu den Konditionen, die Ihr Produkt oder Ihre Dienstleistung ausmachen.

Sorgenfrei zum Auftrag   11

▶ Beziehungsfragen – Bedeutungsfragen – Zufriedenheitsfragen, Kunde hin und Kunde her. Wie kommen Sie denn jetzt zum Auftrag?

In den vorangegangenen drei Kapiteln haben Sie drei Arten von Fragen kennengelernt: Beziehungsfragen, Bedeutungsfragen, Zufriedenheitsfragen. Zu welchem Ergebnis führt diese Fragestrategie? Besteht zum Beispiel die Gefahr, dass die Beziehungsfragen einen Kuschelkurs einleiten, der weder zum Kunden noch zu Ihnen als Verkäufer passt?

Hier gibt es nur eine klare Antwort: Nein. Sich für seinen Gesprächspartner zu interessieren, hat nichts mit Kuscheln zu tun. Im Gegenteil, mit seinen Antworten kann sich Ihr Kunde auch ins Aus manövrieren. Vor kurzem erlebte ich dazu folgendes Beispiel:

Unser Unternehmen sollte für einen Kunden interessierte Mieter für eine Gewerbeimmobilie finden. Die Immobilie hatte einen sehr günstigen Mietpreis und als Neubau auch einige technische Spielereien, die die Mieter sehr genießen würden. Also wurden Firmen im Umkreis angerufen und befragt, ob sie sich einen Umzug vorstellen könnten. Vorher wurde die Immobilie beschrieben und natürlich auf ihre Highlights hingewiesen. Es gab eine Reihe von interessierten Gesprächspartnern. Sobald sich ein Gesprächspartner für das Angebot interessierte, war die wichtigste Frage, wie lange sein bestehender Mietvertrag noch läuft. Die Antworten lagen zwischen sechs Monaten und fünf Jahren. Nun, wenn ein Mietvertrag noch länger als zwölf Monate lief, verhinderte dieser Umstand einen Umzug. Doch einer der interessierten Gesprächspartner meinte dazu: „Das regelt mein Anwalt. Ich bezahle ihn dafür, dass er mich schnell und günstig aus dem laufenden Mietvertrag herausbringt." Dieser Gesprächspartner signalisierte damit deutlich, wie er mit Verträgen, also seinem Wort umgeht. Möchten Sie solch einen Kunden? Wir und unser Kunde jedenfalls nicht. Selbstverständlich bekam der Interessent von uns eine Absage. Einen Geschäftspartner besser kennenzulernen, hat nichts mit Kuscheln zu tun, es ist die Basis für die nächsten Jahre Ihrer Geschäftsbeziehung.

Angenommen, in der Phase der Beziehungsfragen stoßen Sie nun auf eine Antwort, die Ihnen auch nach genauerer Prüfung zeigt, dass Sie mit diesem Partner nicht arbeiten wollen. Was machen Sie jetzt?

11.1 Zivilcourage oder Schmerzensgeld – Sie haben die Wahl

Nun, die schwerste und gleichzeitig einfachste Reaktion ist es, Zivilcourage zu zeigen und deutlich zu sagen, dass Sie nicht mit einem Partner zusammenarbeiten wollen, der sich nicht an sein Wort oder seine Verträge hält. Souverän aufstehen und gehen.

Es gibt sicherlich Leser unter Ihnen, die das schon in anderen Fällen getan haben und denen diese Vorgehensweise als einzige logische Reaktion gut gelingt. Doch einigen von Ihnen wird diese Form der Reaktion schwerfallen. Zum einem lockt der Abschluss und zum anderen ist es wirklich nicht so einfach, einem Kunden deutlich zu sagen, dass Ihnen seine Art des Umgangs mit Verträgen nicht gefällt.

Hier hilft nur eines: Schmerzensgeld. Oder anders gesagt: Bieten Sie sich selbst eine Versicherung an, deren Prämie Sie ins Angebot einschließen. Kalkulieren Sie den möglichen Vertragsbruch schon in den Preis Ihres Angebotes ein. Sie können nur gewinnen. Entscheidet sich Ihr Kunde gegen das Angebot aufgrund des hohen Preises, haben Sie sich viel späteren Ärger erspart. Nimmt er das Angebot trotzdem an, lassen Sie sich auf diese Art und Weise den zu erwartenden Schmerz bezahlen.

Sollten Ihrem Kunden bereits die Preise Ihres Produktes oder Ihrer Dienstleistung als schriftliches Angebot vorliegen und Sie erst danach im persönlichen Gespräch merken, wes Geistes Kind Ihr Gesprächspartner ist, belegen Sie jede anfallende Serviceleistung mit einem Betrag – jede Bewegung, die nicht explizit im vorab gesandten Angebot aufgeführt ist, erhält nun ein Preisschild. Keine Rabatte bei größeren Stückzahlen, kein Skonto, machen Sie es diesem Partner richtig schwer, zu kaufen. In acht von zehn Fällen wird es keinen Auftrag geben und in zwei Fällen wird alles bezahlt, was Sie anführen. Aber beschweren Sie sich hinterher nicht, wenn genau der Ärger eintritt, den Sie bereits bei Ihren Beziehungsfragen erkannt haben. Verwenden Sie das Schmerzensgeld und freuen Sie sich über Ihre Weitsicht.

Je besser Sie Ihren Kunden kennen, desto besser gelingen Ihnen auch Folgegeschäfte. Wenn Ihr Gesprächspartner erst einmal im Gesprächsfluss ist, wird er auch von Situationen, Visionen und Plänen erzählen, die ihm später noch wichtig sind. Sie haben dann die Möglichkeit, wann immer Sie später genau für diese Ziele und Pläne ein gutes Angebot haben, ihm dieses aktiv anbieten zu können. Doch diese Form von Beziehungsmanagement funktioniert nur, wenn Sie nicht wie eine Hyäne darauf lauern, wo Ihr Vorteil liegt oder wie Sie den nächsten Abschluss in die Tasche bekommen. Ihre Motivation muss partnerschaftlich sein und Ihr Interesse echt. Konsensitives Verkaufen ist Verkaufen auf Augenhöhe. Ihr Kunde ist ein gleichwertiger Partner in Ihrer Geschäftsbeziehung. Er spürt es sofort, wenn er nicht Ihre Achtung hat, sondern nur als Beute für den nächsten Abschluss dient.

11.2 Wenn die Beziehung unmöglich ist

Natürlich kann es passieren, dass Sie mit den besten Absichten zum Kundentermin kommen. Sie haben bereits in der Vergangenheit oft bewiesen, dass Sie Ihrem Kunden auf Augenhöhe begegnen, doch diese Frau oder dieser Mann erinnert Sie an eine äußerst schmerzhafte Begegnung in der Jugendzeit, an einen Lehrer oder Ausbilder oder sie hat erstaunliche Ähnlichkeit mit Ihrer Exfrau oder Ihrem Exmann. Fragen zu stellen, die als Basis für eine partnerschaftliche Geschäftsbeziehung dienen sollen, ist auf den ersten Blick für Sie einfach nicht möglich. Es gibt eine Reihe von Reaktionen in solch einer Situation. Ich zeige Ihnen zwei davon.

Möglichkeit Nummer eins: Wenn Sie die Möglichkeit haben, diesen Kunden an einen Kollegen abzugeben, tun Sie es. Entweder ist Ihr Kollege beim Gespräch sowieso dabei, dann ziehen Sie sich soweit wie möglich aus dem Gespräch zurück und werden zum passiven Zuhörer, oder Sie haben diese persönliche Antipathie bereits vor dem tatsächlichen Termin festgestellt, dann bitten Sie einen Kollegen, diesen Gesprächspartner zu übernehmen. Wenn Sie Einzelunternehmer sind, dann schlagen Sie Ihrem Kunden einen Netzwerkpartner als Lieferanten vor, da Sie momentan mit Aufträgen ausgelastet sind. Dies sollten Sie jedoch nur dann tun, wenn es sich wirklich um eine subjektive Antipathie handelt, Ihr potenzieller Kunde im Grunde ein ganz normaler Geschäftspartner wäre, wenn er nur dem verhassten Mathematiklehrer aus Ihrer Schule nicht so ähnlich sehen würde. Auch Ihr Kollege wird einmal einen Gesprächspartner haben, mit dem er nicht so gut kann, und froh sein, wenn Sie ihn ihm dann abnehmen.

In vielen Firmen herrscht unter den Kollegen ein starker Wettbewerb um Umsätze, Rangordnungen, wer der beste Verkäufer ist oder um Gebietsrechte. Doch hat es wirklich einen Sinn, eine Kundenbeziehung aufzubauen, deren größter Energieeinsatz darin liegt, Ihre Antipathie unter Verschluss zu halten? Wahrscheinlich merkt es Ihr Kunde sowieso, da er aber nicht weiß, welche Ähnlichkeit er mit Ihrem Exmann oder mit Ihrer Exfrau hat, wird er das „schlechte" Gefühl auf andere Umstände zurückführen. Je nachdem, wo seine Ängste liegen, wird er die

Begründung für seine Empfindungen suchen. Am Ende verliert Ihr Unternehmen den Auftrag, weil Sie ihn nicht losgelassen haben. Das wäre schade.

Sind Sie Einzelunternehmer und geben diesen Kunden an einen Netzwerkpartner ab, haben Sie etwas gut, das ist besser, als den Kunden aufgrund von Antipathie zu verlieren und ganz mit leeren Händen dazustehen.

Möglichkeit Nummer zwei: Lernen Sie den Gesprächspartner achten. Ihr Kunde öffnet Ihnen die Tür und Sie trifft der Schlag: Vor Ihnen steht die Reinkarnation Ihres ersten Ausbilders. Genau der, der Ihnen das Leben zur Hölle gemacht hat. Er sieht aus wie sein Zwillingsbruder. Sofort durchströmen Sie wieder die alten Ängste, Zweifel und auch die Wut gegen die damalige Hilflosigkeit. Währenddessen strahlt Ihr zukünftiger Kunde und führt Sie durch seine Räume zum Besprechungszimmer. Rational wissen Sie, dass das ein ganz anderer Mensch ist, emotional sind Sie davon noch lange nicht überzeugt.

Dieser Schreck hat auch einen Vorteil, Sie haben ein Thema, über das Sie sprechen können. Reden Sie mit Ihrem Gesprächspartner darüber. Sagen Sie ihm, dass er Sie an Ihren Ausbilder erinnert. Nennen Sie ruhig auch den Namen Ihres Ausbilders. Fragen Sie ihn, ob er ihn kennt, vielleicht mit ihm verwandt ist. Das kommt so gut wie nie vor. Doch darüber sprechen hilft jetzt. Das gibt Ihnen Zeit und lässt Ihnen die Möglichkeit, bewusst zu erkennen, dass dieser Mann nicht Ihr Ausbilder ist. Der lebte damals in Aachen. Ihr Gesprächspartner kommt aus Nürnberg. Dann suchen Sie ganz bewusst etwas Angenehmes an Ihrem Gesprächspartner.

Hat er ein freundliches Lächeln? Wie sind seine Haare, voll, lockig und kräftig? Schön! Wie ist seine Aussprache? Spüren Sie den Hauch eines gemütlichen Dialektes? Wie sind seine Bewegungen? Hektisch und aufgeregt, ist er nervös, also ein ganz normaler Mensch? Oder ist er eher ruhig und gelassen, souverän und dynamisch? Welche Augen hat er? Welche Farbe haben sie? Blicken sie warm und freundlich? Weicht er Ihrem Blick aus? Spüren Sie seine Unsicherheit? Strahlt er Menschlichkeit aus? Was sagt er? Was fragt er? Hat er eine sehr persönliche Art, sich mit Ihnen zu unterhalten? Schwärmt er von seinem Unternehmen oder seinen Produkten oder seiner Heimatstadt?

Was könnten Sie an ihm schätzen? Suchen Sie etwas, und Sie werden etwas finden. Eine Schwäche oder eine Stärke – beides kann für Sie eine Brücke zur Sympathie für diesen Menschen darstellen. Manchmal gibt uns das Universum mit diesen Begegnungen die Möglichkeit, über Vergangenes noch einmal nachzudenken und es mittels dieses Gesprächspartners aus einem anderen Blickwinkel zu sehen. Mit Ihrem jetzigen Wissen erkennen Sie Schwächen, die Sie früher bei Ihrem Ausbilder als Übermacht empfunden haben, dabei war es seine Art, mit Unsicherheiten umzugehen oder Ähnliches.

Wenn Sie mehr Zeit brauchen, bevor Sie mit diesem Gesprächspartner die Beziehungsphase und die damit verbundenen Fragen beginnen wollen, dann drehen

Sie den Frageprozess einfach um. Starten Sie mit den Bedeutungs- oder den Zufriedenheitsfragen. Machen Sie das nur in dieser Situation, denn es ist im Allgemeinen viel schwieriger, von den Zufriedenheitsfragen zu den Beziehungsfragen zu wechseln. Doch wenn Sie es brauchen, um Ihre Souveränität und Ihre Sicherheit wieder herzustellen, ist es ein guter Weg.

Nur nicht vergessen: Sie haben die Situation genau dann gemeistert, wenn Sie es geschafft haben, mit diesem „speziellen" Gesprächspartner eine vertrauensvolle Beziehungsbasis zu schaffen.

11.3 Vorbereitung der Bedeutungs- und Zufriedenheitsfragen

Im Gegensatz zu den Beziehungsfragen schreiben Sie sich die Bedeutungs- und Zufriedenheitsfragen bereits im Vorfeld auf. Entwerfen Sie einen ausführlichen Fragenkatalog. Es gibt verschiedene Arten, diesen Fragenkatalog vorzubereiten. Sie können die einzelnen Fragen mit viel Platz untereinander auf einem Blatt Papier auf. Etwa so:

1. Was versprechen Sie sich von dem Einsatz dieses Produktes? Für das Unternehmen? Für Sie persönlich?
2. Was passiert, wenn Sie dieses Produkt nicht einsetzen? Für das Unternehmen? Für Sie persönlich?

… und so weiter. Hier könnte der Platz von Zeit zu Zeit etwas knapp werden. Wenn Sie jedoch eine klare und platzsparende Schrift haben, dann funktioniert es ganz gut. Eine andere Variante ist es, die Fragen zu nummerieren und untereinander zu schreiben. Die Antworten erhalten dann die Nummern der Fragen, um sie später wieder richtig zuzuordnen (vgl. Tab. 11.1).

Tab. 11.1 Fragenkatalog

Blatt 1.	Blatt 2
1.) Was versprechen Sie sich von dem Einsatz dieses Produktes? Für das Unternehmen? Für Sie persönlich?	1.)
2.) Was passiert, wenn Sie dieses Produkt nicht einsetzen? Für das Unternehmen? Für Sie persönlich?	2.)

Hier ist es wichtig, darauf zu achten, dass Sie die Fragen, die Sie bereits gestellt haben, abhaken, damit keine vergessen wird.

Leiten Sie von den Beziehungsfragen, die sich mehr auf der Basis eines Small Talks und dem echten Interesse an Ihrem Gesprächspartner entwickelt haben, mit einem klaren Hinweis auf Ihren Fragenkatalog über. Die Überleitung kann so aussehen:

> **Beispiel: Überleitung zum Fragenkatalog**
>
> **Sie, der Verkäufer:** *„Herr Meyer, ich habe mir im Vorfeld einige Gedanken über Ihr Unternehmen, Ihre Person und unser Angebot gemacht. Dazu habe ich mir einige Fragen notiert, die ich gerne mit Ihnen durchgehen will. Je besser ich Sie und Ihre Anforderungen verstehe, desto besser kann ich unser Angebot auf Sie zuschneiden. Wir werden dazu circa eine Stunde brauchen, ist das in Ordnung so für Sie?"*
>
> **Ihr Kunde:** *„Eine Stunde! Da bin ich aber neugierig, was Sie alles von mir wissen wollen."*
>
> **Sie, der Verkäufer:** *„Ist das in Ordnung so für Sie?"*
>
> **Ihr Kunde:** *„Ja, fangen Sie an."*

Es gibt keinen Grund, mit Ihren Fragen verschämt oder versteckt umzugehen. Kunden wissen es zu schätzen, wenn Verkäufer vorbereitet sind. Wenn es in dieser Vorbereitung auch noch um den Kunden selbst geht und nicht nur um das Anpreisen des eigenen Angebotes, dann weiß Ihr Kunde das umso mehr zu würdigen. Menschen kaufen von Menschen. Alle Menschen stehen gerne im Mittelpunkt des Geschehens – mal mehr, mal weniger. Aber zu sehen, dass unser Gesprächspartner sich über uns und unsere Anforderungen Gedanken gemacht hat, beeindruckt uns immer.

Wenn Sie zu diesem Teil der Fragen kommen, haben Sie bereits eine gute Beziehungsbasis gewonnen. In den meisten Fällen wird Ihr Kunde Ihre Fragen gerne mit Ihnen durchgehen. Diese Fragen sind der Hauptteil des Verkaufsprozesses. Durch diese ausführliche Prozessführung entstehen keine Vorwände oder Einwände. Durch das Stellen der Fragen kommen Sie nicht in die Situation, Funktionen Ihres Produktes oder Vorgehensweisen Ihrer Dienstleistung verteidigen zu müssen.

Das gesamte Kämpfen um Argumente für oder gegen etwas, das Ihr Kunde wünscht, fällt vollkommen weg. Das ist auch der Grund, warum Konsensitives Verkaufen viel weniger Stress macht. Sie hören auf, Ihren Kunden davon überzeugen zu wollen, dass er Ihr Produkt in „Grün" kauft. Sie erzählen ihm in einem neutralen Ton, warum Ihr Unternehmen sich für „Grün" entschieden hat und dass er jetzt die Wahl hat, Ihr Produkt in „Grün" zukaufen, oder bei einem anderen Händler das Produkt in „Blau" zu erwerben. Wenn Ihr Kunde dabei bleibt und das Produkt lieber in „Blau" hätte, hat er jetzt die Wahlfreiheit, ohne dass Sie Druck ausüben und ohne dass Sie ihn zu etwas überreden.

11.4 Kein Kompromiss ohne spätere Forderungen

Das hat nichts mit Verkaufen unter rosaroten Wolken zu tun. Wenn Sie Ihren Kunden mit Argumenten, Druck oder rhetorischen Fähigkeiten dazu bringen, dass er Ihr „grünes" Produkt akzeptiert, haben Sie nur temporär einen Vorteil, denn Ihr Kunde muss zwangsläufig Gegenforderungen stellen. Warum sollte er sonst Ihrem „grünen" Produkt zustimmen?

Ihr Kunde muss zu Ihrem „grünen" Produkt „Nein" sagen, wenn technische, wirtschaftliche oder echte andere Gründe dagegen sprechen. Dann nützen aber Preisnachlässe oder eine andere Form des Entgegenkommens durch Sie, als Verkäufer, auch nichts. Wenn Ihr Produkt eine Größe hat, die mit den Anforderungen Ihres Kunden nicht übereinstimmt, ist ein Rabatt von 50 % des Kaufpreises immer noch 50 % zu teuer. Ihr Kunde kann es nicht nutzen.

Hier ist jedem klar, ein Verkauf bzw. ein Einkauf hat keinen Sinn. Käufer und Verkäufer trennen sich auf einer freundschaftlichen Basis, empfinden vielleicht etwas das Gefühl von „schade, es sollte wohl nicht sein". „Grün" passte nicht, es musste „Blau" sein, aber sonst passiert nichts. Zu einem späteren Zeitpunkt, mit einer anderen Anforderung, kommt man gerne erneut zusammen.

Vollkommen anders reagieren Verkäufer, wenn „Blau" eine Kann-Möglichkeit ist. Diese Kann-Möglichkeit kann ohne Aufwand möglich sein oder unter besonderen Umständen, je nachdem. Doch wenn der Kunde jetzt das „grüne" Produkt kauft, anstatt des „blauen", entstehen plötzlich Forderungen vonseiten des Kunden und Verpflichtungen auf Seiten des Verkäufers, für die es nicht wirklich einen Grund gibt.

Ihr Kunde kauft doch nicht bei Ihnen, weil er Ihnen damit einen Gefallen tut! Sie kommen nicht als Bittsteller, sondern es geht um Angebot und Nachfrage. Sie verkaufen Ihr Produkt oder Ihre Dienstleistung auch nicht, um Ihren Kunden zu retten oder ihm etwas Gutes zu tun. Sie verkaufen Ihr Produkt oder Ihre Dienstleistung, weil es sinnvoll ist. Ihr Produkt erfüllt Anforderungen, die Ihr Kunde hat. Wenn Ihr Kunde sich nun entscheidet, von seinen Vorstellungen im Rahmen seiner Möglichkeiten abzuweichen, dann ist dies kein Grund für Sie, ihm mit Preis oder Lieferzeiten entgegenzukommen.

Vor kurzem schrieb eine Leserin meines Newsletters, dass, wenn sie zum Kunden sagen würde: „Unser Produkt ist „grün", möchten Sie dieses Produkt oder nicht", dass sie ihn damit unter Druck setzen würde und das will sie nicht. Doch wo ist der Druck? – Mein Kunde hat die freie Wahl, ob er „Grün" haben möchte oder nicht. Wenn er sich für „Grün" entscheidet, ist das seine Entscheidung, und wenn er sich gegen „Grün" und stattdessen für „Blau" entscheidet, auch.

Sie zeigen Ihrem Kunden genau, warum Sie sich für „Grün" als Eigenschaft für Ihr Produkt oder Ihre Dienstleistung entschieden haben. Am Ende fordern Sie ihn auf, sich jetzt auch zu entscheiden, dafür oder dagegen. Ohne Wenn und Aber. Er entscheidet frei.

Überreden fängt da an, wo Sie Sätze sagen, wie: „Wenn Sie ..., dann ich ... Oder wenn Ihr Kunde sagt: Wenn ich ..., dann Sie ...."

Es ist auch keine Lösung, bei jedem Detail zu fragen: Wenn ich Ihnen diesen Wunsch erfülle, was werden Sie dann tun? Diese wichtige Commitment-Frage stellen Sie nicht vor jeder Antwort, das würde den Verkaufsprozess schwächen, denn diese Taktik würde darauf hinauslaufen, dass Sie am Ende bereit sind, alles Mögliche zuzugestehen, wenn der Kunde nur endlich kauft.

Diese Frage stellen Sie immer nur dann, wenn Ihr Kunde eine größere Abweichung von Ihrem (Standard-)Angebot fordert, immer dann, wenn Sie ihm entgegenkommen. Dieses Entgegenkommen hat nicht zwangsläufig etwas mit einem Aufpreis zu tun, sondern vielleicht nur mit einem Serviceschritt mehr von Ihrer Seite. Der Preis für das Entgegenkommen ist das Commitment. Es gibt eine Anekdote aus dem klassischen Verkaufen, die deutlich zeigt, warum das so wichtig ist.

> **Beispiel**
>
> *Ein Ehepaar befindet sich in einem Autohaus. Im Vorführraum stehen ein weißes, ein rotes und ein schwarzes Auto. Der Verkäufer hat ihnen alle Modelle vorgeführt. Sie haben bereits eine lange Probefahrt gemacht. Alle Extras sind besprochen. Das Ehepaar muss jetzt eine Kaufentscheidung treffen. Plötzlich fragt der Mann: Haben Sie das Modell auch in „Blau"? Der Verkäufer sieht sich um und verneint. Der Mann sagt: „Das ist schade, in „Blau" hätten wir es gekauft", und verlässt mit seiner Frau erleichtert das Autohaus.*
>
> *Die richtige Antwort des Verkäufers sollte lauten: „Wenn ich es in Blau habe, kaufen Sie es dann?" Hier gibt es zwei Antwortmöglichkeiten durch den Mann. Antwort 1) „Ja, dann kaufe ich es." (Hier hakt der Verkäufer ein und erzählt, bis wann er es besorgt.) Antwort 2) „Nein, ich wollte nur mal wissen, ob Sie es haben." (Hier fragt der Verkäufer, welches der drei Modelle er nun auswählt.)*

11.4 Kein Kompromiss ohne spätere Forderungen

Im Konsensitiven Verkaufen bestimmt Ihr Kunde frei, was er will. Sie fragen nicht nach dem Auftrag, sondern Ihr Kunde beschließt, ob er kaufen möchte oder nicht. Manchmal geben Kunden aber folgende oder ähnliche Antworten:

Beispiel: Die Mitbewerber als Argument

Sie, der Verkäufer: *„Nein, es gibt das Produkt nicht in „Blau". Unsere Erfahrung hat gezeigt, dass das „blaue" Verfahren für diesen Einsatz nicht so effektiv ist. Deshalb empfehlen wir das „grüne" Verfahren. Möchten Sie das „grüne" Verfahren einsetzen?"*

Ihr Kunde: *„Aber Ihre Mitbewerber haben gesagt, dass „Blau" das bessere Verfahren sei."*

Sie, der Verkäufer: *„Wir empfehlen das „grüne" Verfahren aufgrund von verschiedenen Untersuchungen. Sie können sich aber jederzeit für das „blaue" Verfahren unserer Mitbewerber entscheiden. Das ist vollkommen in Ordnung. Was werden Sie tun?"*

Argumente, die Ihr Kunde von Mitbewerbern übernimmt, sind keine Argumente gegen Sie. Es sind Erkenntnisse aus anderen Blickwinkeln, aus anderen Erfahrungen oder einfach nur eine andere Meinung. Daher gibt es keinen Grund für Sie, sich zu ärgern oder „dagegenhalten" zu müssen. Erwidern Sie ruhig und sachlich Ihre Erfahrungen und überlassen Sie Ihrem Kunden die Entscheidung. Das ist die Augenhöhe, die Ihr Kunde verdient, das ist Konsensitives Verkaufen.

Erfolgsrezept

Sie sind erfolgreich mit diesen fünf Schritten:
1. Wenn Ihr Gesprächspartner nicht vertrauenswürdig scheint, zeigen Sie Zivilcourage oder verlangen Sie Schmerzensgeld.
2. Kunden spüren, wenn sie nur die Beute sind und kein echtes Interesse als Motivation für Ihre Fragen vorhanden ist.
3. Wenn die Chemie zwischen Ihnen und Ihrem Gesprächspartner nicht stimmt, treten Sie diesen Kunden an Ihren Kollegen ab.
4. Bemühen Sie sich um Achtung für Ihren Gesprächspartner, jeder Mensch hat etwas Ansprechendes oder Gutes an sich. Manchmal muss man nur genauer hinsehen.
5. Lassen Sie Ihren Kunden entscheiden, wie viel Wert Extras für ihn haben.

Konsensitives Verkaufen im Überblick 12

▶ In den vorangegangenen Kapiteln haben Sie Schritt für Schritt erfahren, aus welchen einzelnen Schritten ein Verkaufsgespräch nach der Methode des Konsensitiven Verkaufens besteht. Doch wie sieht das komplette Verkaufsgespräch aus?

12.1 Kaltakquise am Telefon mit Terminvereinbarung

Ihr Kunde, Telefonzentrale: *„Grüß Gott, Firma Grauer IT Systems, Beratung Verkauf. Sie sprechen mit Jennifer Pabst."*
 Sie, der Verkäufer: *„Guten Tag, Frau Pabst. Sie sprechen mit Tom Sandig, Salestraining Akademie. Bitte sagen Sie mir, wer bei Ihnen im Hause für die Weiterbildung der Mitarbeiter zuständig ist."*
 Ihr Kunde, Telefonzentrale: *„Unser Personalleiter Oliver Braun. Um was geht es bitte?"*
 Sie, der Verkäufer: *„Es geht um die Weiterbildung Ihrer Mitarbeiter. Ist Herr Braun am Platz?"*
 Ihr Kunde: *„Ich kann Sie verbinden. Ihr Name ist Tom Sandig?"*
 Sie, der Verkäufer: *„Ja, richtig. Vielen Dank!"*
 (Telefonzentrale verbindet an den Personalleiter)
 Ihr Kunde, Personalleiter: *„Grüß Gott, Sie sprechen mit Oliver Braun. Herr Sandig, was kann ich für Sie tun?"*
 Sie, der Verkäufer: *„Wir bieten Ihnen Mitarbeitertrainings im Bereich erfolgreiches Vertriebs- und Kundenbeziehungs-Management an. Durch den praktischen Bezug zum Alltag mit anschließendem Coaching setzen Ihre Mitarbeiter das Gelernte sofort um. Möchten Sie dieses Angebot zur Förderung Ihrer Vertriebsmitarbeiter nutzen?"*

Ihr Kunde: *"Grundsätzlich schulen wir unser Vertriebsteam zweimal im Jahr bei der internen Verkäufertagung. Erst Produktschulung und dann Verkaufsschulung. Ich kann mir Ihr Angebot ja einmal anschauen."*

Sie, der Verkäufer: *"Welcher Wochentag ist denn am besten für ein Gespräch bei Ihnen geeignet?"*

Ihr Kunde: *"Mittwoch ist der ruhigste Tag der Woche. 15.00 Uhr würde mir passen."*

Sie, der Verkäufer: *"Meinen Sie nächste Woche?"*

Ihr Kunde: *"Ja, genau."*

Sie, der Verkäufer: *"Gut, dann trage ich mir den Termin Mittwoch um 15.00 Uhr ein. Gerne sende ich Ihnen eine Terminbestätigung mit meinen Daten. Dann haben Sie alles auf einen Blick und können sich melden, wenn etwas dazwischen kommen sollte. Wie lautet Ihre E-Mail-Adresse?"*

Ihr Kunde: *"Gerne, oliver.braun@grauer-it.de."*

Sie, der Verkäufer: *"Vielen Dank, ich habe es notiert. Herr Braun, angenommen, unser Angebot ist genau die richtige Lösung für Ihre Mitarbeiter und Sie sagen mir das auch im Laufe unseres Gespräches, was werden Sie dann tun?"*

Ihr Kunde: *"Wenn es wirklich eine gute Lösung für uns ist, dann werde ich Ihr Angebot mit meinem Controller besprechen. Größere Budget-Entscheidungen werden hier im Haus immer mit unserem Controller getroffen."*

Sie, der Verkäufer: *"Sie haben Recht, es ist wichtig, dass alle Entscheider mit eingebunden werden. Wie heißt Ihr Controller?"*

Ihr Kunde: *Achim Bach.*

Sie, der Verkäufer: *"Wird Herr Bach am Mittwoch bei unserem Gespräch dabei sein?"*

Ihr Kunde: *"Nein, üblicherweise bespreche ich Ihr Angebot nach Ihrem Besuch in einer ruhigen Minute mit ihm. Außerdem hat er nächste Woche Urlaub."*

Sie, der Verkäufer: *"Herr Braun, dann lassen Sie uns doch einen Termin vereinbaren, wenn Herr Bach da ist. Sie haben mir signalisiert, dass Herr Bach bei der Entscheidung, ob Sie unser Angebot annehmen, eine wichtige Rolle spielt. Wann passt Ihnen eine Woche darauf ein Termin mit mir?"*

Ihr Kunde: *"Ich will zuerst Ihr Angebot kennenlernen und dann schauen wir weiter. Herrn Bach kann ich dann später immer noch ansprechen, wenn ich Ihr Angebot gut finde."*

Sie, der Verkäufer: *"Herr Braun, ich komme gerne zu Ihnen, um Ihnen unsere Lösung zu präsentieren. Dabei werde ich Ihre Wünsche und Vorstellungen berücksichtigen. Ich werde Ihnen eine Lösung bieten, die genau Ihren Vorstellungen entspricht und einen echten Mehrwert für Sie darstellt. Im Gegenzug dazu wünsche ich mir das faire Gespräch mit allen Entscheidern, damit wir gemeinsam entschei-*

den, wie Sie unsere Lösung einsetzen. Ich mache Ihnen folgenden Vorschlag: Ich komme eine Woche später, wenn Ihr Controller grundsätzlich im Hause ist. Ich präsentiere Ihnen unsere Lösung und wenn Sie sagen, das ist genau das, was Sie brauchen, holen wir Ihren Controller, Herrn Bach, dazu. Gemeinsam zeigen wir ihm dann das Programm und beantworten seine Fragen. Sind Sie mit dieser Vorgehensweise einverstanden?"
Alternative Aussage:
Sie, der Verkäufer: *....Ich werde Ihnen eine Lösung bieten, die genau Ihren Vorstellungen entspricht und einen echten Mehrwert für Sie darstellt. Unsere internen Statuten schreiben vor, dass ich im Gegenzug dazu zehn Minuten mit Ihrem Entscheider, Herrn Bach, im Vorfeld spreche oder Herr Bach bei unserem Gespräch anwesend ist. Damit die Vorstellungen von Herrn Bach von Anfang an mit in das Angebot eingebunden werden. Sind Sie mit dieser Vorgehensweise einverstanden?*
(Lesen Sie dazu auch das Unterkapitel „Viele mögliche Gesprächspartner".)
Ihr Kunde: *„O.k., gut, das kann ich mir vorstellen. Donnerstag, in zwei Wochen, um 13.00 Uhr ist dann ein guter Termin."*
Sie, der Verkäufer: *„Wunderbar, dann treffen wir uns, also Sie, Herr Bach und ich, am Donnerstag, in zwei Wochen, um 13.00 Uhr. Angenommen, meine Lösung ist genau die richtige Lösung für Sie und Herrn Bach, was werden Sie dann tun?"*
Ihr Kunde: *„Wenn mein Controller derselben Meinung ist wie ich, dann werden wir bei Ihnen kaufen. Doch dazu müssen Sie uns schon etwas Besonderes bieten?"*
Sie, der Verkäufer: *„Ja, das werde ich."*
(Es folgt die Verabschiedung. In der Zwischenzeit erhält Herr Braun das Buch: „Verkaufe dein Produkt, nicht deine Seele" sowie eine Packung „Merci"-Schokolade und einige Informationen über mich und mein Unternehmen sowie die genaue Terminbestätigung.

12.2 Begrüßung und Vertrauen aufbauen

(Zwei Wochen später in den Firmenräumen von Grauer IT Systems: Die Dame am Empfang bringt Sie direkt in das Besprechungszimmer. Auf dem Weg dorthin betreibt sie etwas Kommunikation und erzählt, dass Herr Braun frisch aus dem Kurzurlaub zurück ist. Oliver Braun empfängt Sie an der Tür und bietet Ihnen einen Platz an.)
Sie, der Verkäufer: *„Vielen Dank!"*
Ihr Kunde: *„Bitte schön. Jetzt sind wir ja doch noch gut zusammengekommen. Ich habe über unser Telefongespräch nachgedacht. Sie waren ja ganz schön hartnäckig. Das bin ich eigentlich nicht gewohnt."*

Sie, der Verkäufer: *„Ich nenne das „Standing". Etwas, das ich auch gerne Ihren Mitarbeitern im Verkaufstraining zeigen werde. Doch bevor wir darüber sprechen, komme ich gerne noch einmal auf den Schluss unseres Gespräches bei der Terminvereinbarung zurück. Sie hatten am Telefon gesagt, dass Sie bei mir kaufen werden, wenn mein Angebot Ihren Vorstellungen entspricht. Ist das heute noch so oder hat sich etwas ergeben, das die Situation verändert?"*

Ihr Kunde: *„Nein, es bleibt dabei – keine Sorge, wenn Ihr Angebot unseren Vorstellungen entspricht, dann kaufen wir bei Ihnen. Was bieten Sie mir an?"*

Sie, der Verkäufer: *„Frau Burkert vom Empfang hat mir erzählt, Sie haben den Fenstertag genutzt und waren auch ein paar Tage im Urlaub. Sind Sie verreist oder haben Sie Ihren Kurzurlaub zu Hause verbracht?"*

Ihr Kunde: *„Wir sind zu Hause geblieben. Zurzeit ist so schönes Wetter und der Urlaub war nur etwas mehr als eine halbe Woche."*

Sie, der Verkäufer: *„Mir persönlich fällt es immer sehr schwer, zu Hause abzuschalten, wie geht es Ihnen damit?"*

Ihr Kunde: *„Ach, wir gehen gerne in die Berge, machen dazu Tagesausflüge, und da gelingt mir das Abschalten sehr gut."*

Sie, der Verkäufer: *„Sind Sie Bergsteiger oder Bergwanderer?"*

Ihr Kunde: *„Eher schon etwas sportlicher, Bergsteiger. Ich mag es gerne, richtig zu klettern, mit Seil und Haken."*

Sie, der Verkäufer: *„Das ist eine Herausforderung. Wie haben Sie das gelernt?"*

Ihr Kunde: *„Schon als Kind, mit meinem Vater."*

(Oliver Braun erzählt ein Erlebnis aus der Kindheit.)

Sie, der Verkäufer: *„Bei Xing habe ich gesehen, dass Sie ein Informatik-Ingenieurstudium abgeschlossen haben und heute sind Sie Leiter der Personalabteilung, das ist nicht der lineare Weg. Das finde ich spannend. Wie kam es dazu?"*

Ihr Kunde: *„Das ist ganz einfach. Ich fand die Technik am Anfang sehr interessant und liebe Technik auch heute noch sehr. Doch wirklich den ganzen Tag im „stillen Kämmerchen" zu sitzen, so habe ich mir mein Leben dann doch nicht vorgestellt. Deshalb habe ich recht schnell einen weiteren Schwerpunkt auch auf BWL gelegt, besonders die Vorlesungen zum Thema Personal und Personalführung haben mich angesprochen. Ich habe hier zwar keine Diplomarbeit geschrieben, aber doch einige Scheine erlangt. Beruflich orientierte ich mich immer an technischen Firmen und dort dann in der Personalabteilung, was meine Vorgesetzten auch sehr schätzen. In diesem Unternehmen gehöre ich auch dem Geschäftsführungsgremium an. Menschen sind mir einfach wichtig!"*

(Das Gespräch geht noch einige Zeit weiter, dabei stehen die Mitarbeiter und warum die Ressource Mensch im Unternehmen sehr wichtig ist, im Mittelpunkt des Gespräches. Sie, der Verkäufer, erhalten einen sehr guten Eindruck von Herrn Braun und seiner Einstellung zu Mitarbeitern. Langsam gehen Sie mit Ihren Fragen in Richtung Bedeutungsfragen.)

12.3 Bedeutungsfragen

Sie, der Verkäufer: *„Sie sind Leiter der Personalabteilung. Laut Xing sind Sie seit fünf Jahren im Unternehmen. Sie haben mir am Telefon erzählt, dass Ihre Vertriebsmitarbeiter zweimal im Jahr ein Training bekommen. Das ist nicht unbedingt üblich. Haben Sie diese Trainingszyklen eingeführt?"*

Ihr Kunde: *Ich war vorher beim Schwesterunternehmen dieser Firma, und dort habe ich mit meinem damaligen Chef diese Trainingszyklen entwickelt. Einer der Gründe, hier anzufangen, war, dass es das hier noch nicht gab, ich aber die Erfahrung dafür hatte und dies bei der Einstellung auch gewünscht wurde. So kam eins zum anderen."*

(Sie treffen selten einen „jungfräulichen" Kunden. Klären Sie, was mit den anderen Lieferanten ist oder war.)

Sie, der Verkäufer: *„Wenn es regelmäßige Trainingszyklen gibt, dann gibt es auch bereits Trainer, mit denen Sie arbeiten oder gearbeitet haben. Welche Gründe gibt es, dass Sie einen neuen Trainer in Erwägung ziehen?"*

Ihr Kunde: *„Oh, die waren nicht schlecht. Jeder von ihnen hatte seinen Schwerpunkt. Aber zum einen bin ich immer wieder auf der Suche nach etwas Neuem, und zum anderen hatten wir in den letzten Jahren Trainer, die stark an der Rhetorik unserer Mitarbeiter arbeiteten. Vorwand- und Einwandbehandlung, Schlagfertigkeit, Frage- und Abschlusstechniken. Das war alles wichtig. Doch für dieses Jahr suche ich etwas anderes. Die Zeiten sind härter geworden, besonders in unserer Branche. Unsere Vertriebsmitarbeiter kommen immer öfter und jammern über die Preise, die wir von unseren Kunden für unsere Leistung fordern. Ich habe grundsätzlich das Gefühl, dass der eine oder andere Mitarbeiter sofort etwas anderes tun würde, wenn er wüsste, was und wo. Ich möchte, dass unsere Mitarbeiter wieder mehr Freude an dem haben, was sie tun. Nämlich verkaufen! Vor kurzem hörte ich ein Interview im Radio mit dem Anti-Aging-Experten Prof. Dr. Bernd Kleine-Gunk. Er sagte: Gutaussehend und agil bleiben Menschen, die das tun, was sie wirklich gerne tun, und nicht damit aufhören. Wenn ich mir unsere Leute so anschaue, werden die bald „uralt" aussehen, und das wirkt sich über kurz oder lang auch auf die Umsatzzahlen aus. Hier habe ich die Verantwortung für beide Seiten: unseren Inhaber und die Mitarbeiter."*

Sie, der Verkäufer: *„Ich fasse kurz zusammen, was ich verstanden habe, und notiere es mit:*

1. *Sie waren mit den bisherigen Trainern zufrieden, wünschen sich jedoch andere Themen als Inhalte.*
2. *Diese Inhalte sollen vor allem wieder die Begeisterung und die Motivation der Vertriebsmitarbeiter für die Aufgabe „Verkaufen" wecken.*
3. *Ihre Vertriebsmitarbeiter brauchen wieder eine positive Einstellung zu ihren Angeboten und den Preisen.*
4. *Sie möchten einem Rückgang der Umsätze vorbeugen.*

Habe ich das richtig verstanden?"
Ihr Kunde: *„Ja, Sie haben es auf den Punkt gebracht."*
Sie, der Verkäufer: *„Was bedeutet es für Sie persönlich, wenn Ihre Mitarbeiter wieder motivierter und positiver an ihre Aufgabe, zu verkaufen, herangehen?"*
Ihr Kunde: *„Nun, als erstes hoffe ich, sie schauen wieder fröhlicher bei unseren Vertriebsmeetings."*
(Er schmunzelt.)
„Nein, Spaß beiseite, wobei ich manchmal schon fürchte, dass der Einzelne auch so bedrückt beim Kunden wirkt. Doch zurück zu Ihrer Frage.
Es würde mich wieder besser schlafen lassen, denn ich weiß, wenn es den Verkäufern gut geht, geht es auch unserem Unternehmen gut. Das wiederum gibt mir die Möglichkeit, mich auch wieder verstärkt auf andere Bereiche meines Aufgabengebietes zu konzentrieren."
(Sie fassen wieder zusammen und notieren.)
Sie, der Verkäufer: *„Angenommen, Sie finden keinen Trainer, der Ihre Vorstellungen umsetzen kann. Was würde das für Sie bedeuten?"*
Ihr Kunde: *„Ich glaube nicht, dass es keinen Trainer gibt, der mit mir meine Ziele umsetzen kann. Ich würde so lange suchen, bis ich den passenden Partner habe. Wahrscheinlich würden wir dann dieses Jahr ein anderes Thema in den Trainings angehen. Mir schwebt auch das Thema „Verkaufspräsentation beim Kunden" vor. Das ist mein Plan B, den werde ich entweder dieses Jahr angehen, weil ich noch nicht den passenden Partner gefunden habe, oder eben nächstes Jahr, weil vielleicht Sie der Richtige sind."*
(Er grinst dabei schelmisch. Sie fassen wieder zusammen und notieren. Das sind Informationen, die Ihnen die Möglichkeit für weitere Aufträge bieten.)
Sie, der Verkäufer: *„Welches Budget haben Sie für diese Trainingsmaßnahme bereitgestellt?"*
(Es empfiehlt sich, das Budget sehr früh anzusprechen, damit Sie wissen, ob ein Zusammenkommen grundsätzlich möglich ist.)

Ihr Kunde: *„Also, wir wollen kein „Billig" – wir wollen etwas wirklich Wirkungsvolles. Ich bin sicher, dafür ist genug Geld da. Natürlich soll es auch nicht übertrieben sein."*

Sie, der Verkäufer: *„Das kann ich gut nachvollziehen. Doch am Trainingsmarkt gibt es Anbieter zwischen 800 und 5000 € Tagessatz. Damit ich verstehen kann, was Sie mit „übertrieben" meinen, brauche ich eine Hausnummer."*

Ihr Kunde: *„Also 5000 € pro Tag, besonders da wir ja mehrere Tagen buchen wollen, finde ich sehr übertrieben. Bisher lag der Durchschnitt bei 3000 €, mal 500 € weniger mal 500 € mehr."*

Sie, der Verkäufer: *„Mit dieser Angabe habe ich eine Vorstellung, und wir haben eine gute Chance, dass unsere Zusammenarbeit nicht am Geld scheitert."*

(Jetzt folgen noch Fragen zum Zeitplan, zum Entscheidungs- und Bestellprozedere und zum Schluss, der letzte Punkt der Bedeutungsfragen, die letzte Absicherung:)

Sie der Verkäufer: *„Gibt es irgendetwas, das wir unbedingt noch ansprechen sollten, außer den Trainingsinhalten und dem Trainingsablauf? Etwa ein Gedanke oder ein Gefühl, das Ihnen wichtig ist?"*

Weitere Fragen können sein: *„Gibt es etwas, dass Sie an meiner Person oder an meinen Aussagen stört?"* oder *„Haben Sie noch Fragen persönlicher Natur an mich?" Alle Fragen sind erlaubt."*

Ihr Kunde: *„Nein, ich würde nur gerne wissen, wie genau Ihre Trainingsinhalte jetzt aussehen. Was ist das Besondere an Ihrem Training?"*

12.4 Zufriedenheitsfragen

Sie, der Verkäufer: *„Ich werde Ihren Mitarbeitern die Technik des Konsensitiven Verkaufens zeigen und diese Technik auch mit ihnen einüben. Es ist eine Technik, die Ihren Mitarbeitern zeigt, wie sie leichter und schneller Umsatz machen. Leichter und schneller deshalb, weil Ihre Vertriebsmitarbeiter beispielsweise die Reihenfolge im Verkaufsgespräch ändern. Zum Beispiel werden sie zuerst klären, ob ihr potenzieller Gesprächspartner sich grundsätzlich mit dem Gedanken trägt, zu kaufen, oder ob er nur ein Alternativangebot braucht, um seinem Chef zu zeigen, dass sein Neffe die IT sowieso am besten betreuen kann. Das erspart Ihren Mitarbeitern eine ganze Reihe von ‚Schneiderfahrten'".*

Zum anderen werden sie im Training wieder eine begeisterte Einstellung zum Angebot der Firma erarbeiten. Sie werden genau herausarbeiten, warum ihr Kunde bei ihnen und nur bei ihnen kaufen soll. Diese Übungen werden die Begeisterung Ihrer Mitarbeiter für Ihre Angebote noch weiter entfachen und verankern, so dass sie zu den Preisen, die ihr Unternehmen bestimmt hat, wieder mit vollem

Selbstbewusstsein stehen können. Damit werden sie die Preise auch wieder mit einem ganz anderen Standing präsentieren.
Als nächstes werden sie lernen, dem Kunden die Wahl zu lassen. Wenn er bereit ist, zu den Konditionen mit Ihrem Unternehmen zusammenzukommen, die für Ihr Unternehmen und Ihren Kunden sinnvoll sind, dann wird er bei Ihnen kaufen. Ansonsten ist es besser, zum nächsten Kunden zu gehen. Ihr Markt ist so groß, dass es genug Firmen gibt, die Ihr Angebot brauchen können. Es gilt herauszufinden, wer von den Adressen in Ihrem Adresspool Ihr Angebot braucht und will.
Ein Großteil des Frustes Ihrer Mitarbeiter kommt daher, dass sie 80% ihrer Zeit an die 80% Ihrer Kunden hinarbeiten, die sicher nicht kaufen werden. Das ist schade und kostet ungemein Energie. Es geht sogar weiter, und das haben Sie vorhin selbst schon angedeutet: Es macht krank und führt im schlimmsten Fall zum Burn-out-Syndrom. Und das nützt niemandem etwas."

Ihr Kunde: *"Sie meinen „Konsensitives Verkaufen". Ich habe darüber in Ihrer Fachzeitschrift gelesen."*

Sie, der Verkäufer: *"Ja, genau."*

Ihr Kunde: *"Und was passiert mit den Kunden, die „Nein" zu unseren Preisen oder unserem Angebot sagen, oder die meinen, dass wir nur ein Vergleichsangebot abgeben sollen? Diese Fälle haben wir sehr oft. Bisher dachte unser Vertrieb: Ein Fuß in der Tür ist besser als gar nichts."*

Sie, der Verkäufer: *"Diese Adressen werden in Ihr Marketingsystem aufgenommen. Das könnte ein regelmäßiger Newsletter mit nützlichen Tipps sein oder regelmäßige Einladungen in Ihr Haus, als Hausmesse, oder auf Ihren Messestand. Sie sollen und werden diese Adressen nicht vergessen, es soll nur keine wertvolle Vertriebszeit Ihrer Mitarbeiter verschwendet werden. Dazu werde ich mir auch Ihr bisheriges Marketingsystem ansehen. Ist das grundsätzlich in Ordnung für Sie?"*

Ihr Kunde: *"Ja, sicher – wir müssen dann nur mit der Marketingabteilung sprechen."*

Sie, der Verkäufer: *"Ja, gerne, dazu kommen wir später. Gehen wir Ihre Vorstellungen, die Sie mir im heutigen Gespräch bereits gesagt haben, Punkt für Punkt durch. Ein ganz wichtiger Aspekt für Sie war, dass Ihre Mitarbeiter wieder motivierter und positiver an Ihre Aufgabe, zu verkaufen, herangehen. Damit ich Ihre Vorstellungen erfüllen kann, müssen sie messbar sein. Wie würden Sie „motivierter und zufriedener" messen?"*

oder anders gesagt: *"Wie haben Sie bisher „weniger motiviert" und „weniger zufrieden" gemessen?"*

(Beachten Sie: Ergebnisse werden dann wertvoll, wenn sie messbar sind.)

Ihr Kunde: *"Das ist eine gute Frage. Darüber habe ich mir noch keine Gedanken gemacht. Bisher ist dies ja mehr ein Bauchgefühl, wobei, die Äußerungen bei den Meetings zeigen mir schon, dass ich mit dem Gefühl richtig liege. Hmmm?"*

12.4 Zufriedenheitsfragen

Sie, der Verkäufer: „Wie wäre es, wenn wir im Vorfeld einen Fragebogen erstellen, der ein Stimmungsbarometer darstellt, und ihn von den Mitarbeitern ausfüllen lassen. Das wiederholen wir direkt nach dem Training und, sagen wir, einen Monat sowie drei Monate später noch einmal. Möchten Sie das?"

Ihr Kunde: „Das klingt nach einer guten Idee. Um wie viel Prozent verbessert sich anschließend die Stimmung?"

Sie, der Verkäufer: „Das weiß ich nicht. Aber Ihre Mitarbeiter wissen das. Ich bin überzeugt davon, dass Mitarbeiter genau wissen, in welchem Stimmungsklima sie arbeiten wollen. Fragen wir sie, um wie viel Grad sich die Stimmung verbessern soll. Natürlich geben auch Sie, als Führungskraft, eine Bewertung über den Ist- und Soll-Zustand ab. Dabei ist es sehr wichtig, zu wissen, was Ihre Mitarbeiter bereit sind, dafür zu tun, damit die eigene Motivation wieder steigt. Ich kann die Stimmung der Mitarbeiter nicht ändern, doch ich kann sie auf Jammer-Gewohnheiten hinweisen. Ich kann sie durch das Konsensitive Verkaufen Werkzeuge lehren, die ihnen helfen, aus Vertriebssackgassen herauszukommen und durch weniger Kämpfen mit dem Kunden, wieder mehr Freude am Verkaufen zu haben. Doch ihre Stimmung können sie nur selber verbessern. Die meisten Mitarbeiter wollen dies auch und tun sehr viel dafür, wenn sie den Wald vor lauter Bäumen wieder sehen.

Ist dieser Fragebogen mit der Ist- und Soll-Analyse ein Maßstab, der aufzeigen kann, wie ein Mehr an Motivation aussieht, der für Sie zählt?"

Ihr Kunde: „Ja, das ist eine gute Idee. Aber warum nach drei Monaten noch einmal?"

Sie, der Verkäufer: „In der ersten Runde führen wir eine Ist-Analyse durch. Das bedeutet, dass ich sowohl mit Ihnen wie auch mit jedem einzelnen Mitarbeiter spreche, um zu sehen, wo der Einzelne steht und was er sich von einem Verkaufstraining erwartet, auch wird der Fragebogen zur Messbarkeit der Motivation ausgeteilt und anschließend ausgewertet. Ist das in Ordnung für Sie?"

Ihr Kunde: „Das klingt gut. Wie geht es weiter?"

Sie, der Verkäufer: „Im zweiten Schritt erhalten Ihre Mitarbeiter zwei Tage Training, in denen sie die Grundlagen und Techniken des Konsensitiven Verkaufens lernen. Trifft dies auch Ihre Vorstellungen?"

Ihr Kunde: „Ja, das fängt direkt im Anschluss an das Produkttraining an und ist so, wie wir es immer machen."

Sie, der Verkäufer: „Danach erhalten Ihre Mitarbeiter Einzelcoaching. Das heißt, ich begleite sie zu Kunden oder coache sie direkt am Telefon, während sie mit ihrem Kunden sprechen. Das wird circa drei Tage in Anspruch nehmen. Meine Erfahrung hat gezeigt, dass es einige Zeit dauert, bis Menschen ihre Gewohnheiten abgelegt haben, besonders wenn sie schon jahrelang eingespielt sind. Ist diese Vorgehensweise für Sie in Ordnung?"

Ihr Kunde: „*Grundsätzlich verstehe ich Sie und Sie haben auch Recht, was die Gewohnheiten betrifft. Doch das übersteigt eindeutig unser Budget für die nächste Verkäufertagung. Das geht nicht.*

Sie, der Verkäufer: „*Ich kann Ihre Bedenken nachvollziehen. Habe ich es richtig verstanden, dass es Ihnen wichtig ist, dass Ihre Mitarbeiter motivierter und begeisterter ihrer Vertriebsaufgabe nachgehen sollen und dass Sie mir zustimmen, dass es etwas dauert, bis Mitarbeiter neue Techniken und Verhaltensweisen umsetzen? Möchten Sie, dass auch Ihre Mitarbeiter hier wirklich messbare Erfolge erlangen?*"

Ihr Kunde: „*Das ist alles richtig. Nur hier wird unser Budget zu sehr strapaziert. Das geht nicht.*"

Sie, der Verkäufer: „*Sie entscheiden, ob Sie das möchten oder nicht. Schauen wir uns Ihr Budget einmal an: Pro Trainingstag sind Sie bereit, 3500 € zu bezahlen. Für dieses Jahr sind es also 14.000 € für beide Vertriebstagungen.*"

(Kunde nickt.)

„*Wenn Sie wirklich wollen, dass Ihre Mitarbeiter etwas verändern, wären dies acht Tage, die Ihre Mitarbeiter trainiert bzw. gecoacht werden. Mein Preis für diese acht Tage beträgt 3000 € pro Tag, das bedeutet, dass Ihr Mitarbeiter bei der zweiten Vertriebstagung nur einen Tag Auffrischungstraining erhalten, dafür aber nach der ersten Vertriebstagung ein konzentriertes Coaching.*

Und die Mannschaft müsste zwischen der ersten und der zweiten Vertriebstagung 10.000 € mehr erwirtschaften. Können Sie sich vorstellen, dass Ihrer Mannschaft dies mit der neuen Technik und dem Motivationsschub gelingt?"

Ihr Kunde: „*10.000 € in den sechs Monaten dazwischen mehr zu erwirtschaften, das ist schwer, bis zum Ende des Jahres, also nach weiteren drei Monaten, vielleicht. Ich weiß nicht.*"

Sie, der Verkäufer: „*Ihnen zu erzählen, dass zwei Tage Training ausreichen, um eine neue Technik, besonders so eine tiefgreifende, zu erlernen und die dazugehörige Motivation zu erhöhen, wäre nicht richtig.*

Wenn sich etwas ändern soll, dann braucht das Zeit. Anders werde ich das Training bei Ihnen nicht durchführen, es wäre nicht fair. Doch Sie entscheiden, ob Sie das wirklich wollen."

Ihr Kunde: „*Das will ich auf alle Fälle. Gut, wenn unser Controller kein Veto einlegt, weil Anschaffungen geplant sind, die ich im Moment nicht auf dem Radar habe, machen wir das.*"

Sie, der Verkäufer: „*Herr Braun, denken Sie in Ruhe darüber nach. Wollen Sie das wirklich?*"

Ihr Kunde: „*Doch, ich will das.*"

Sie, der Verkäufer: „*Dann wäre es jetzt an der Zeit, dass Sie Herrn Bach dazu holen. Was werden Sie ihm sagen, warum Sie dieses Training wollen?*"

12.4 Zufriedenheitsfragen

Ihr Kunde: *„Nun, einerseits ist die mangelnde Motivation ja noch in den Anfängen, es hat sich ja noch kein permanenter Frust eingebürgert, doch wehret den Anfängen. Andererseits ist es sehr schwierig, in Zeiten wie diesen Umsätze zu erhöhen, hier sind neue Techniken und die Konzentration auf den Kunden, der will und braucht, was wir bieten und bereit ist, unsere Preise zu bezahlen, eine gute Lösung ..."*

(Herr Braun fand noch einige Gründe, warum er die Methodik des Konsensitiven Verkaufens einsetzen wollte. Als Herr Bach kam, machte es ihm richtig Spaß, ihm die Gründe für seine Entscheidung auseinanderzusetzen. Es wurde ein schöner Auftrag!)

Verkaufen ist die schönste Sache der Welt

13

▸ Kann Verkaufen wirklich ein Beruf sein, den man gerne macht? Muss man dazu eine besondere Persönlichkeit haben oder kann man diesen Beruf auch einfach erlernen? Ja, das können Sie. Was Sie dafür tun können, lesen Sie hier.

Wenn ich Sie frage: „Was ist die schönste Sache der Welt?" Was werden Sie mir antworten? Vielleicht antworten Sie: „Sex ist die schönste Sache der Welt. Wenn nach einem schönen Glas Wein die Spannung steigt. Sie spüren das Knistern in der Luft. Sie gehen aufeinander zu. Sie berühren sich. Der erste Kuss, stürmisch und voller Energie. Sie sind hin- und hergerissen, sollen Sie sich die Kleider schnell vom Leib reißen oder ganz langsam, vorsichtig, Stück für Stück? Nackte Haut trifft auf nackte Haut. Es fühlt sich warm und angenehm an, geradezu heiß. Sie haben das Gefühl, in einem Strudel von Begierde zu versinken, immer tiefer, schneller und intensiver. Ihr Verstand schaltet sich aus …"

Ja, doch – so können wir Stunden verbringen. Vielleicht antworten Sie auf die Frage, was die schönste Sache der Welt ist, auch so: „Essen, ach was sage ich, – speisen! An einem wunderschön gedeckten Tisch: Weiße Damasttischdecke, seidige Servietten, schweres Silberbesteck und Gläser, die im samtenen Kerzenlicht schimmern. Vor mir auf dem Teller wunderschön glänzender Spargel. Ein Stück von der Spargelspitze probiert: zergeht auf der Zunge und ist dabei unglaublich geschmacksintensiv. Das nächste Stückchen, bissfest, knackig, mit etwas Sauce Hollandaise. Sie schmeckt nach einem Hauch von Zitrone und Pfeffer. Jetzt folgt ein Stück Fleisch – Steak vom Bullen. Beim Schneiden gleitet das Messer sanft durch die Fasern. Das Filet schimmert rosa auf meiner Gabel, im Mund spüre ich es sofort, es ist ganz saftig und butterweich. Ein Hauch von Kräutern streift meine Geschmacksnerven …"

© Springer Fachmedien Wiesbaden 2015
G. S. Graupner, *Verkaufe dein Produkt, nicht deine Seele*,
DOI 10.1007/978-3-8349-4727-7_13

Ja, doch – Sie haben Recht, mir läuft ebenfalls das Wasser im Munde zusammen. Auch folgende Antwort lasse ich gelten: „Sie kommt auf mich zu. Ganz langsam und vorsichtig hebt sie das weiße Bündel hoch und legt es mir in die Arme. Ich sehe noch nichts. Es ist so still. Es ist so winzig klein. Ist alles in Ordnung? Vorsichtig öffnet sie das Handtuch. Leuchtende Augen strahlen mich an: Mein Sohn! Gerade mal zehn Minuten alt. Diese Augen schauen tief in meine Seele. Dabei wird mir ganz warm ums Herz. Da – jetzt hat er mich angelächelt, ganz sicher, er meinte mich. Dabei zieht er seine Nase ganz kraus. Lustig! Und seine Stirn ist noch ganz verknautscht. Wie schön er doch ist! Vorsichtig streicht mein Finger über seine Hand. Wie zart doch seine Finger sind, schmal, lang – wenn das keine Musikerhände werden! Mr. Lang-Lang, ziehen Sie sich warm an, mein Sohn ist jetzt da mit Musikerhänden …"

13.1 Was ist die schönste Sache der Welt im Berufsleben?

Ja, doch – ich stimme Ihnen zu! Diese Erlebnisse zählen sicherlich zu den schönsten im Leben. Solche Ereignisse passieren in unserer Freizeit, in der Zeit, in der wir nicht arbeiten, in der Hälfte unseres Lebens, in der wir nicht für unseren Lebensunterhalt im Büro, auf der Straße oder im Gespräch mit einem anderen arbeitenden Menschen sind. Doch was ist mit der anderen Hälfte unseres Lebens, unserem Arbeitsleben? Was ist hier die schönste Aufgabe der Welt? Für mich: Verkaufen! Warum?

Vor vielen Jahren zog ich mit meinen Kindern in eine Reihenhaussiedlung am Rande von München. Nach einigen Wochen lernte ich unsere Nachbarn bei einem Straßensommerfest kennen. Bisher hatte ich noch nicht viel von ihnen gesehen. Eher einmal die Frauen, wenn sie im Garten arbeiteten oder die Kinder zum Essen riefen. An diesem Samstag erlebte ich die Nachbarn als Ehepaare und natürlich kamen wir in unseren Gesprächen irgendwann auf die Berufe und Aufgaben der Einzelnen zu sprechen. Und ich war erstaunt, dass über 70 % der Anwesenden im Vertrieb arbeiteten.

Einer war für Siemens viele Jahre in China gewesen und hatte dort Investitionsgüter vertrieben. Einer war in der IT-Branche und bot Dienstleistungen an, und so weiter und so fort. Als ich meine Verwunderung äußerte über so viele Vertriebsleute auf einen Fleck, antwortete mir mein Nachbar zur Rechten: *„In welchem Beruf können Sie sich heute noch ein Reihenhaus leisten, wenn Sie nicht Geld von den Eltern geerbt haben oder Inhaber einer Firma sind oder viele, viele Jahre bis zur Professur studiert haben? Der Beruf des Vertriebsmitarbeiters ist der einzige, bei dem Sie Ihr Gehalt mitbestimmen können. Und das Monat für Monat."*

13.1 Was ist die schönste Sache der Welt im Berufsleben?

Er hatte Recht! Verkäufer oder Vertriebsmitarbeiter zu sein bedeutet, dass ein Teil Ihres Gehaltes variabel ist. Daraus resultiert, dass Sie durch Ihre Leistung Einfluss auf Ihr monatliches Einkommen haben. In beinahe jedem anderen Beruf ist es egal, ob Sie 90 % Leistung bringen oder 130 % – Sie erhalten das Gehalt, das Sie bei Ihrer Einstellung verhandelt haben. Nicht so im Vertrieb.

Wenn Sie hier Fleiß und Einsatz zeigen, wird sich das auf Ihr monatliches Einkommen auswirken. Wenn Sie effektiv und effizient arbeiten, erhöht dies schnell und spürbar den Betrag, der auf Ihr Konto eingeht. Auch in einer Zeit, in der es wirtschaftlich hart hergeht im Land, haben Sie als guter Vertriebsmitarbeiter immer die Chance, einen Arbeitsplatz zu bekommen. Gute Verkäufer sind Mangelware. Spitzenverkäufer bestimmen die Konditionen Ihres Arbeitsvertrages. Konsensitives Verkaufen und Fleiß machen aus Ihnen einen sehr guten Verkäufer. Nutzen Sie Ihre Möglichkeiten!

Verkaufen ist die schönste Sache der Welt, denn es zählt zu den abwechslungsreichsten Berufen. Diese Aufgabe ist so vielseitig, wie Ihre Kunden als Menschen und Partner verschieden sind. Sie treffen immer wieder auf neue Gesichter, neue Charaktere und neue Situationen. Da Sie mit den Beziehungsfragen wirklich in einen engen Kontakt mit Ihrem Kunden einsteigen, profitieren Sie nicht nur durch den Umsatz, den Sie mit Ihrem Kunden machen, sondern auch durch die Vielfältigkeit Ihrer Gesprächspartner. Sie lernen mit jedem Gespräch etwas für Ihr Leben, ob für Ihren Beruf oder für Ihr Privatleben.

Manchmal dient Ihr Gesprächspartner als gutes Beispiel, manchmal zeigt er deutlich, wie man es nicht machen sollte. Unsere Kunden lehren uns den richtigen Einsatz unseres Produktes oder unserer Dienstleistung. Sie sind die ersten, die uns signalisieren, wie sich der Markt verändert oder die Anforderungen an unser Produkt steigen. Sie erzählen uns von Einsatzmöglichkeiten unserer Dienstleistung, von denen wir vorher noch nie etwas gehört haben. Unsere Kunden erweitern unseren Horizont!

Ein gutes Beispiel habe ich vor einigen Jahren erlebt: Ich war schon immer ein Fan von Swarovski-Steinen und habe deshalb auch schon mehrmals die Kristallwelten in Wattens, in der Nähe von Innsbruck, besucht. Ich dachte wirklich, ich wüsste einiges über Swarovski-Kristalle, bis ich bei einem Kunden saß, der mir erklärte, dass seine Firma unter anderem für die Beleuchtung in Autotunneln zuständig ist und dafür Mikro-Glaskugeln von Swarovski verwendet. Also Swarovski nicht nur am Hals, sondern auch an der Tunnelwand. Wieder etwas gelernt ...

Verkaufen ist die schönste Sache der Welt, denn es macht uns flexibel im Umgang mit Menschen. Die Erfahrungen, die jeder von Ihnen aus Erlebnissen mit dem Kunden als Menschen macht, können Sie jederzeit auch im Umgang mit Ihren anderen Mitmenschen nutzen, zum Beispiel in der Familie oder in Ihrem Verhalten zu Nachbarn. Ihre Menschenkenntnis, die sich mit jedem weiteren Kunden stärker entwickelt, ist die Basis für viele Gesprächssituationen in Ihrem Alltag, beruflich und privat. Sie hilft Ihnen bei Small Talks auf privaten Festen oder wenn Sie Ihren zukünftigen Schwiegervater kennenlernen sowie später einmal den Schwiegersohn.

Nach einigen Jahren im Vertrieb kommen Sie mit den Beamten in öffentlichen Verwaltungen zurecht und lernen Tag für Tag erfolgreicher, Ihre Umwelt für Ihre Meinung und Ihre Absichten zu begeistern. Ob es um professionelles Auftreten geht oder um ein großartiges Standing bei Ihren Gesprächspartnern, jeder Tag im Verkauf, im Umgang mit Ihren Kunden, schleift und feilt an dem Feinschliff Ihrer Persönlichkeit.

Verkaufen ist die schönste Sache der Welt, denn es bringt Sie in die Welt. Ob deutschlandweit, europaweit oder weltweit – Verkäufer kommen rum. Jeder zweite Verkäufer könnte auch gut als Hoteltester oder Reiseleiter arbeiten, es gibt wenig, was sie noch nicht erlebt haben, im Guten wie im Schlechten. Doch eines ist sicher: Langweilig war es nie.

Verkaufen ist die schönste Sache der Welt, denn Sie haben regelmäßig Erfolgserlebnisse. Immer, wenn Sie wieder eine erfolgreiche Partnerschaft mit einem Kunden eingegangen sind, gibt es einen Grund, sich zu freuen. Doch nicht nur das! Wenn Sie mit einem Kunden eine Lösung für seinen Arbeitsalltag zum Beispiel in der Produktion erarbeitet haben, durchströmt Sie ein wirklich tolles Gefühl: Ja, geschafft! Wieder ein Kunde glücklich und zufrieden! Super, diese Idee mit der besonderen Lösung!

Was immer es war, Ihre Gedanken daran zaubern ein Lächeln auf Ihr Gesicht. In wenigen Berufen erleben Sie so oft und so deutlich, dass Ihre Leistung direkt etwas bewirkt. Gerade in Zeiten der Spezialisierung arbeiten tausende von Menschen nur an bestimmten Etappen einer Lösung oder eines Ergebnisses. Statt von A bis Z, sind sie nur für F bis I zuständig, sehen und erleben nie das Ganze. Anders im Vertrieb, Sie sind immer vom Anfang bis zum Ergebnis dabei. Sie gestalten mit, erleben mit, tragen Verantwortung und sind bewusster Teil des Erfolges. Ja, Verkaufen ist wirklich die schönste Sache der Welt.

Verkaufen ist die schönste Sache der Welt, besonders, wenn Sie nach der Methode des Konsensitiven Verkaufens arbeiten. Sie müssen nicht mehr mit Ihrem Kunden kämpfen. Sie dürfen fragen, Ihr Kunde darf „Nein" sagen. Durch die Kundendefinition *„Ihr Kunde ist, wer braucht, will und bezahlen kann, was Sie anbieten"* wird das „Nein" im eigentlichen Verkaufsprozess selten. Dadurch, dass Sie die Auswahl Ihrer Kundenadressen systematisch angehen, erhöht sich die Trefferquote der Ansprechpartner, die aufgrund ihres Tagesgeschäftes Ihre Kunden sind. Wenn Ihr Kunde trotz effizienter Auswahl „Nein" sagt, erfolgt kein Kampf mehr, sondern Sie respektieren diese Aussage und wenden sich dem nächsten potenziellen Kunden zu. Ihre Gesprächspartner werden lernen, dass sie ohne einen vehementen Angriff „nein" sagen können, da das gesamte Gespräch viel mehr auf Augenhöhe abläuft.

Konsensitives Verkaufen zeigt Ihnen, wie wichtig eine begeisterte Einstellung zu Ihrem Produkt, Ihrer Dienstleistung, Ihrem Unternehmen und Ihrer Person ist. Diese Methode hilft Ihnen, diese Begeisterung systematisch zu erarbeiten. Durch das Konsensitive Verkaufen lernen Sie, dass ein Standing zu Ihrem Angebot und ein klares Bekenntnis zu Ihrem Unternehmen und der Art und Weise, wie Ihre Produkte angeboten werden, den roten Faden für Ihren Verkaufsalltag darstellen. Konsensitives Verkaufen betont, dass es keinen Grund gibt, bei Ihrem Kunden um einen Auftrag zu betteln oder sich devot zu benehmen. Im Umkehrschluss wissen Sie, dass es keinen Sinn hat, Ihren Kunden über den Tisch zu ziehen oder ihn mit falschen Aussagen zu hintergehen. Konsensitives Verkaufen bedeutet, eine Kunden-Lieferanten-Beziehung einzugehen, die langfristig ist. Der schnelle Euro ist auf Dauer viel teurer, als in eine partnerschaftliche Beziehung zu investieren.

Verkäufer, die nach der Methode des Konsensitiven Verkaufens arbeiten, werden auch in der Gesellschaft als das anerkannt, was sie sind: eine der wichtigsten Säulen des Unternehmens. Denn egal, wie gut Ihr Produkt oder Ihre Dienstleistung ist, es braucht Mitarbeiter, die die passenden Kunden dafür finden und das Angebot professionell vorstellen. Wenn Sie es nicht mehr nötig haben, Ihren Kunden Dinge zu versprechen, die die Technikabteilung noch gar nicht entwickelt hat oder die Kollegen aus der Logistik durch freiwillige Nachtschichten erfüllen müssen, steigt auch Ihr Ansehen innerhalb Ihres eigenen Unternehmens wieder entsprechend.

Verkaufen ist die schönste Sache der Welt, wenn Sie von Ihrer Umwelt geachtet werden. Durch Ihr strategisches und strukturiertes Vorgehen mittels des Konsensitiven Verkaufens wird diese Achtung ein Sahnehäubchen auf Ihrem Umsatzplus darstellen.

13.2 Die wichtigste Person im Verkaufsprozess

Doch damit Sie das auch so empfinden und täglich wieder neu leben und erleben können, ist eine Person ganz besonders wichtig. Welche?

Nehmen wir an, Sie sprechen gerade mit Ihrem größten Kunden, wer ist in diesem Moment die wichtigste Person auf der Welt? 99 % der Befragten antworten: „Dieser Kunde."

Angenommen, Sie sind genau mit diesem größten Kunden auf einer einsamen Insel gestrandet. Weit und breit kein Süßwasser, nur salziges Meerwasser. Mit

Ihnen wurden eine Handvoll Mineralwasserflaschen an den Strand gespült. Wer ist in diesem Moment die wichtigste Person auf der Welt? Sie schmunzeln? Sie wären schon sehr altruistisch, wenn Sie jetzt antworten würden: „mein Kunde". Nein, natürlich nicht. Sie selbst sind die wichtigste Person! Jetzt ist Ihnen das Hemd näher als die Hose. Sie wollen überleben. Es geht um die gleichen Personen, doch die Prioritäten haben sich verschoben. Es ist eine Extremsituation, die deutlich zeigt, wer am Ende wirklich wichtig ist: immer ich selber.

Wie ist dies nun tatsächlich im Verkaufen? Diese Situation ist bei weitem nicht so extrem, sondern für einen Verkäufer normaler Alltag. – Dafür gibt es eine sehr interessante Analogie beim Fliegen. Wenn Sie den Ausführungen der Stewardessen für Notfälle folgen, erfahren Sie, dass Sie die Sauerstoffmasken bei Notfällen immer zuerst selbst aufsetzen sollen. Das gilt auch, und besonders dann, wenn die Mitreisenden schwächer sind als Sie, wie zum Beispiel Kinder. Das klingt im ersten Moment egoistisch. Doch nur wem es selbst gut geht, der kann anderen helfen.

Dafür zu sorgen, dass es Ihnen gut geht, dass Sie stark und selbstbewusst in den Verkaufsprozess mit Ihrem Kunden gehen, heißt nicht, dass Sie Ihren Kunden übervorteilen oder ihn als niedriges Wesen einstufen sollen. Sie sind ein Team. Der wirkliche Erfolg beim Verkaufen liegt in der gegenseitigen Anerkennung und in dem Ziel, eine langjährige Geschäftsbeziehung einzugehen. Verkaufen auf gegenseitiger Augenhöhe.

Die Technik des Konsensitiven Verkaufens alleine macht noch keinen Spitzenverkäufer aus Ihnen, das können nur Sie selbst.

Denn nur Sie können

- Ihr Verhalten steuern,
- sich weiterentwickeln, Standing zeigen,
- in Aktion treten,
- die richtige Reaktion zeigen,
- sich an den vorgegebenen Verkaufsprozess halten,
- Begeisterung für Ihr Produkt oder Ihre Dienstleistung demonstrieren, sich und Ihren Kunden auf Augenhöhe begegnen.

13.3 Doch was tun Sie, um ein erfolgreicher Verkäufer zu sein?

Piloten nutzen Checklisten. Unternehmer haben einen Businessplan. Projektmanager arbeiten mit einem Projektplan, Controller mit einem Finanzplan. Und Sie?

13.3 Doch was tun Sie, um ein erfolgreicher Verkäufer zu sein?

Sie, als Verkäufer – was unternehmen Sie, um eine erfolgreiche Strategie beim Verkaufen einzusetzen? Welchen Erfolgsplan haben Sie? Wie schwer fällt es Ihnen, für Ihren Vertriebsleiter oder Ihren Geschäftsführer einen Forecast zu erstellen? Doch wenn Sie keine Ziele haben, wie wollen Sie sie dann erreichen? Erfolgreiches Verkaufen ist nicht nur die Technik des Konsensitiven Verkaufens. Erfolgreiches Verkaufen ist sehr viel mehr. Stellen Sie sich ein wunderschönes und wertvolles Bild vor, das aus vielen, vielen Puzzleteilen besteht. Erfolgreiches Verkaufen ist die Summe aller Teile, denn nur die Summe aller Teile bringt Sie in den Verkaufsolymp. Jedes Puzzleteilchen hat seinen Anteil am Erfolg des Ganzen. Die Teile haben unterschiedliche Größen und sind unterschiedlich wertvoll. Die Randteile zählen dabei zu den wichtigsten, sie halten das gesamte Bild zusammen.

Konsensitives Verkaufen bietet Ihnen solch einen Rahmen. Um in den Genuss dieser Strategie zu kommen, brauchen Sie den unabänderlichen Willen, etwas erreichen zu wollen. Sie brauchen die Energie und die Lust, täglich zu lernen, sich weiterzubilden, die Techniken des Konsensitiven Verkaufens auszuprobieren, dran zu bleiben, zu feilen und zu schleifen.

Wann haben Sie das letzte Mal ein Produkttraining besucht? Gar nicht so lange her, beim letzten Release-Wechsel? Das ist sehr gut. Produkttrainings sind wichtig. Doch was nutzt Ihnen das ausgebuffteste Produktwissen, wenn das Werkzeug, mit dem Sie verkaufen, Ihre Kommunikationsfähigkeit im Umgang mit Ihrem Kunden, noch von anno dazumal stammt?

Und die Zeiten ändern sich rasend schnell. Vor zwanzig Jahren hatten nur sehr wenige Menschen ein Mobiltelefon, heute geht der Trend zum Dritthandy. Vor fünfzehn Jahren haben nur wenige Menschen das Internet genutzt, Internetseiten zur Information für Ihre Kunden angeboten und E-Mails geschrieben. Heute gibt es das Internet, Ihre Kunden erhalten Produktinformationen durch E-Mails, Online-Netzwerke, Internet-Foren, Twitter, Preisvergleichs-Plattformen, offene Preislisten von Mitbewerber und vieles, vieles mehr.

Und Sie steigen immer noch wie vor 10 Jahren in Ihr Verkaufsgespräch ein? Sicherlich nicht, das zeigt schon, dass Sie diese Zeilen lesen. Erfolgreiche Verkäufer bilden sich im Einsatz ihres Arbeitswerkzeuges, der Kommunikation, genauso regelmäßig weiter, wie Piloten sich in der Technik des Cockpits oder Ärzte sich in der Anwendung eines neu entwickelten OP-Bestecks oder einer neuen Analysemethode weiterbilden.

Verkaufen ist die schönste Sache der Welt, wenn Sie sich als einen der beiden wichtigsten Teile des Verkaufsprozesses sehen und regelmäßig an sich arbeiten. Ihre Persönlichkeit und die Struktur des Konsensitiven Verkaufens sind die Basis Ihres Erfolges. Sich weiterzubilden und zu lernen, über den Tellerrand hinauszusehen, das Erkennen von Persönlichkeitsstrukturen, das Lesen der Körpersprache, die Entwicklung von unterhaltsamen Präsentationstechniken oder Humor, das sind alles Puzzleteile, die Sie in den Verkaufsolymp bringen.

Konsensitives Verkaufen zeigt Ihnen, warum es wichtig ist, Ihr Produkt Ihrem Kunden anzubieten. Mit diesem Produkt lösen Sie Herausforderungen oder Probleme, die Ihr Kunde hat. Sie sind kein Bittsteller sondern ein Lösungsbringer. Wenn dem nicht so ist, wird er es Ihnen sagen, dass er Ihr Produkt zurzeit nicht braucht, nicht will oder nicht das passende Budget dafür hat. Doch wenn er es braucht, wird er auch bereit sein, den entsprechenden Preis dafür zu bezahlen. Konsensitives Verkaufen lehrt Sie, den Wert Ihres Angebotes mit erhobenem Haupt nennen zu können, und wie Sie Ihrem Kunden zeigen, dass er davon auch einen Nutzen hat, den er annehmen kann oder nicht.

13.4 Simsalabim, dreimal schwarzer Kater

Doch eines funktioniert nicht: Das Buch zu lesen und unter Ihr Kopfkissen zu legen, in der Hoffnung, dass ein Wunder geschieht! Ob bei Diskussionen zum Thema „Verkauf und Vertrieb" in diversen Xing-Foren oder im Verkaufstraining, ich habe immer wieder den Eindruck, dass viele Verkäufer auf die ultimative, immer zum Erfolg führende Technik warten, den Zauberstab des besten Verkäufers, der die anderen Verkäufer mit einem möglichst einfachen Simsalabim zum Erfolg trägt. Doch diese Technik gibt es nicht! Die Technik des Konsensitiven Verkaufens funktioniert genau dann, wenn Sie sie *einsetzen*. Wenn Sie sie anwenden und jeden Tag ein Stückchen mehr umsetzen.

Lernen Sie mit sich selbst. Zeichnen Sie zum Beispiel Ihre Telefongespräche auf. Hören Sie sich die Gespräche mehrmals an, um herauszufinden, wann Ihre Stimme unsicher klingt oder Sie mit der Stimme tiefer oder auch höher gehen. Wenn ein „Nein" von Ihrem Kunden kommt – hört man das Ihrer Stimme an, geht sie nach unten, nuscheln Sie Ihre Antwort auf das „Nein" des Kunden nur noch? Oder gelingt es Ihnen bereits, das „Nein" Ihres Kunden als wertvolle Aussage zu sehen und entsprechend zu handeln? Bleibt Ihre Stimme motiviert und dynamisch, obwohl ein „Nein" gekommen ist?

Auf welche Aussagen reagieren Ihre Kunden mit Einwänden? Was sagen Sie, das Ihre Kunden motiviert, nach Rabatten zu fragen? Wann genau passiert das immer? Besonders dann, wenn Sie vom klassischen Verkaufen zum Konsensitiven Verkaufen wechseln, werden Ihnen Ihre Gewohnheiten immer wieder einen Streich spielen und Ihnen entschlüpfen Redewendungen oder Retourkutschen gegen Ihren Kunden aus der Zeit des klassischen Verkaufens.

Entwickeln Sie ein Bewusstsein dafür! Gehen Sie nach Ihrem Besuch beim Kunden den Gesprächsprozess noch einmal ausführlich im Auto durch, besonders am Anfang. Geben Sie nicht auf, bleiben Sie dran. Sie lernen es. Ganz sicher!

13.5 Abkürzungen sind Sackgassen auf dem Weg zum Erfolg

Konsensitives Verkaufen ist eine Methodik, die nur dann zu einem sehr guten Ergebnis führt, wenn Sie sich wirklich an den Verkaufsprozess halten. Manche Verkäufer fangen nach einer Weile an, den Verkaufsprozess abzukürzen, einen vermeintlich schnelleren oder angenehmeren Weg zu gehen. Doch das führt über kurz oder lang zum Misserfolg und Sie zurück zum Stress und zum Kampf mit Ihrem Kunden.

Das wäre so ähnlich, als würden Piloten nur noch jeden zweiten Punkt auf ihrer Checkliste überprüfen. In absehbarer Zeit bekämen sie ernsthafte Probleme in der Luft. Doch das zeichnet einen Profi gegenüber einem Laien aus: Der Profi nutzt seine Möglichkeiten immer und hält sich an die bewährten Prozesse, alles andere kostet ihn Gewinn, Zeit und die Leichtigkeit des Seins.

Formulieren Sie bei jedem Kontakt mit Ihrem Kunden ein Ziel. Und wenn es in diesem Gespräch nicht möglich ist, dieses Ziel zu erreichen, haben Sie ein zweites oder drittes Ziel im Kopf. Diese Ziele beziehen sich sowohl auf das Ergebnis Ihres Gespräches mit Ihrem Kunden, als auch auf Ihre Lern- und Umsetzungserfolge des Verkaufsprozesses des Konsensitiven Verkaufens.

Sie haben alle Möglichkeiten, Verkaufen zur schönsten Sache der Welt zu machen, viele, viele Kunden, ein gutes Produkt oder eine gute Dienstleistung, eine Strategie und Methode, die Sie beim Kunden erfolgreich sein lässt und Ihre ganz eigene menschliche Persönlichkeit.

Verkaufen ist die schönste Sache der Welt mit dem Prozess des Konsensitiven Verkaufens, denn hier begegnen Sie Ihrem Kunden auf Augenhöhe und achten ihn, dieselbe Wertschätzung bringen Sie auch sich selbst und Ihrem Angebot entgegen.

Sie haben einen der schönsten Berufe der Welt: Sie sind Verkäufer!

Erfolgsrezept

Verkaufen ist die schönste Sache der Welt, weil
- Sie Ihr Gehalt Monat für Monat selbst bestimmen können,
- es zu den abwechslungsreichsten Aufgaben zählt,
- Sie flexibel im Umgang mit Ihren Mitmenschen werden,

- Sie mitgestalten, miterleben, Verantwortung tragen und bewusster Teil des Erfolgs sind,
- es einen erprobten Verkaufsprozess gibt, der Sie zum Erfolg führt,
- es für Sie viele, viele Kunden gibt,
- Sie ein gutes Produkt oder eine gute Dienstleistung anbieten,
- Sie eine ganz besondere Persönlichkeit sind,
- Sie sich und Ihrem Kunden auf Augenhöhe begegnen.

Dankeschön

Dieses Buch konnte entstehen, weil mich eine Reihe von wirklich guten Geistern unterstützt hat.

Mein Dank gilt Ingrid Rothfuß, die mich im Sommer 2008 auf das Buch von Jacques Werth „High Probability Selling" aufmerksam machte, denn ohne diesen Hinweis wäre das Konsensitive Verkaufen nie entstanden. Schön, dass es Dich gibt, liebe Ingrid. Danke auch an Jacques Werth für die Inspiration und die Basisidee.

Ein weiteres Dankeschön geht an Ruth Sixt, die sich viele Gedanken um meine kunstvoll gesetzten Kommas und halben Wörter macht, um anschließend die Wörter zu korrigieren und die Kommas da hinzusetzen, wo sie die Deutsche Rechtschreibung gerne hätte (www.ass-agentur.de).

Danke Oliver Gorus für Ihre Motivation und Ihre aktive und erfolgreiche Unterstützung beim Finden eines Verlages. Auch, dass es immer möglich war, offen und ehrlich miteinander zu sprechen, hat mir gut getan. Sie sind ein toller Geschäftspartner.

Ein großes Dankeschön möchte ich Dir, lieber Lothar J. Seiwert, aussprechen, dafür, dass Du mich viele Jahre unermüdlich ermahnt hast, ein Buch zu schreiben. Du siehst, lieber Lothar, steter Tropfen höhlt den Stein und was lange währt, wird endlich gut.

Mein wichtigstes Dankeschön gilt Oliver Breidenbach, meinem Lebenspartner, der alle Höhen und Tiefen beim Schreiben dieses Buches hautnah aushalten musste. Lieber Oliver, Du bist und bleibst mein Fels in der Brandung. Ich danke Dir!

Last but not least danke ich all meinen Teilnehmern, Kunden und auch Lieferanten, ohne ihre guten Beispiele aus ihrem Berufsalltag würde diesem Buch etwas fehlen. Schön, dass ich von und mit Ihnen täglich lernen darf.

© Springer Fachmedien Wiesbaden 2015
G. S. Graupner, *Verkaufe dein Produkt, nicht deine Seele*,
DOI 10.1007/978-3-8349-4727-7

Weiterführene Literatur

Berndt, J. C. 2009. *Die stärkste Marke sind Sie selbst*. 2. Aufl. München: Kösel-Verlag. Hier lernen Sie, Ihre Einzigartigkeit auf den Punkt zu bringen und für andere erlebbar und greifbar zu machen.

Bönisch, W. 2009. *Werkstatt für Verhandlungskunst*. Aachen: tradition. Wolfgang Bönisch erzählt viele Erlebnisse aus seiner Praxis. Seine offene Art motiviert den Leser, seine Lösungen auszuprobieren und anzunehmen.

Grötker, R. 2006. Wir von der Stichprobe. *Brand Eins* 4:72–81.

Heinrich, S. 2014. *Gute Geschäfte, 52 clevere Tipps für profitable Beziehungen im Business*. Norderstedt: Book on Demand. Dieses Buch zeigt, wie wichtig die Augenhöhe mit dem Kunden ist. Es hilft Ihnen und Ihrem Kunden, sinnvolle Entscheidungen zu treffen.

Köhler, H. L. 2010. *Verkaufen ist wie Liebe*. 16. Aufl. Regensburg: Walhalla-Fachverlag. Eine wunderbare Analogie, die ich immer wieder gerne in meinen Trainings zitiere. Eine Kundenbeziehung lebt nur dann, wenn man ihr dieselbe Aufmerksamkeit schenkt, wie wir es auch in einer Liebesbeziehung tun würden.

Rankel, R. 2008. *Sales Secrets*. Wiesbaden: Gabler. Von nix kommt nix. Je leichter etwas aussieht, desto mehr Arbeit, Phantasie und Mut stecken dahinter. Mit dem Kunden eine klare Sprache zu sprechen, ist einer der Ansätze dieses Buches, der mir besonders gut gefällt.

Seiwert, J. L. 2005. *Wenn du es eilig hast, gehe langsam*. 14. Aufl. Frankfurt a. M.: Campus Verlag. Ein Longseller, der auf jeden Nachttisch gehört. Morgens zehn Minuten darin lesen, entscheidet über den Nicht-Erfolg oder Erfolg Ihres Tages.

Skambraks, J. 2004. *30 min für den überzeugenden Elevator Pitch*. 3. Aufl. Offenbach: GABAL. Das Original! Es zeigt dem Leser in kleinen, einfachen Schritten, wie jeder seinen Elevator Pitch erarbeiten kann, und streift auch weitere wichtige Aspekte des Verkaufens.

Sachverzeichnis

A
Absicherung, 107
Adresse, falsche, 21
AIDA-Formel, 99
Angeboterstellung, 14, 22, 24, 46, 113

B
Bestellprozedere, 104, 139
Budget, 17, 103

C
Commitment, 10, 30, 70, 89

E
Einwände, 100, 108
Entscheider, 29, 30, 31, 36, 104, 105
Erstkontakt, telefonischer, 66

F
Fachbegriff, 10, 118
Folgetermin, 81
Fragen
  Bedeutungsfragen, 108, 114, 137
  beim Small Talk, 128
  Beziehungsfragen, 123, 127
  des Kunden, 8
  im Verkaufsprozess, 100, 128
  Ja-Fragen-Straße, 76
  Suggestivfragen, 76
  Zufriedenheitsfragen, 115, 116, 127, 139
Fragenkatalog, 107, 127, 128

G
Gesprächseröffnung, 88, 89

I
Interessen der Kunden, 14, 69
Ist-Analyse, 101

K
Kaltakquise, 65, 133
Kunde
  als Experte, 7
  idealer, 15, 16
  Interessen, 14, 69
Kundenmatrix, 14
Kundennutzen, 37, 69

M
Machtspiele, 28
Marketinggespräche, 41
Marketingmaßnahme, 47, 48
Marktanalyse, 13, 14
Marktführer, 60

© Springer Fachmedien Wiesbaden 2015
G. S. Graupner, *Verkaufe dein Produkt, nicht deine Seele*,
DOI 10.1007/978-3-8349-4727-7

N
Nein des Kunden, V, 3, 38, 75
Newsletter, 35, 47

P
Pareto-Prinzip, 27, 28
Preis, 4, 53, 55, 56, 103, 120
Produktvorteil, 69

Q
Qualität, 53, 55, 113

S
Service, 53, 54, 58, 59
Soll-Zustand, 101
Sonderwünsche, 120, 121
Spezialist, 14, 61
Standing, 23, 35
Stärken, 54, 58, 59

V
Verkauf, Begriffsbstimmung, 6
Verkaufen
  auf Augenhöhe, 2, 10, 24
  klassisches, 27
  konsensitives, 3
Verkaufszeit, 42
Vertrauen, 50, 87, 135
Vorstellung, 67, 112

Z
Zeitumstände, 104
Ziel, 19, 66, 153
Zielgruppendefinition, 13

Ihr Bonus als Käufer dieses Buches

Als Käufer dieses Buches können Sie kostenlos das eBook zum Buch nutzen. Sie können es dauerhaft in Ihrem persönlichen, digitalen Bücherregal auf **springer.com** speichern oder auf Ihren PC/Tablet/eReader downloaden.

Gehen Sie bitte wie folgt vor:
1. Gehen Sie zu **springer.com/shop** und suchen Sie das vorliegende Buch (am schnellsten über die Eingabe der eISBN).
2. Legen Sie es in den Warenkorb und klicken Sie dann auf: **zum Einkaufswagen/zur Kasse**.
3. Geben Sie den untenstehenden Coupon ein. In der Bestellübersicht wird damit das eBook mit 0 Euro ausgewiesen, ist also kostenlos für Sie.
4. Gehen Sie weiter **zur Kasse** und schließen den Vorgang ab.
5. Sie können das eBook nun downloaden und auf einem Gerät Ihrer Wahl lesen. Das eBook bleibt dauerhaft in Ihrem digitalen Bücherregal gespeichert.

EBOOK INSIDE

Ihr persönlicher Coupon

9wbg7dnwxA8QNFs

Sollte der Coupon fehlen oder nicht funktionieren, senden Sie uns bitte eine E-Mail mit dem Betreff: eBook inside an customerservice@springer.com.

Made in the USA
Columbia, SC
17 May 2023